Couvertures supérieure et inférieure manquantes

A TRAVERS
L'APULIE ET LA LUCANIE

NOTES DE VOYAGE

TOME PREMIER

A TRAVERS
L'APULIE ET LA LUCANIE

NOTES DE VOYAGE

PAR

FRANÇOIS LENORMANT

MEMBRE DE L'INSTITUT

TOME PREMIER

PARIS
A. LÉVY, LIBRAIRE-ÉDITEUR
13, RUE LAFAYETTE, 13

1883

PRÉFACE

Les notes qu'on va lire sont celles d'un voyage que j'ai fait tout récemment en compagnie de M. Felice Barnabei, directeur des musées et des fouilles d'antiquités du royaume d'Italie, le savant adjoint de M. Fiorelli, et de M. Michele La Cava, président du Conseil provincial de la Basilicate, inspecteur des antiquités de cette province. La contrée que nous avons visitée est si peu parcourue des touristes qu'en plus d'un endroit nous n'y avions été précédés par aucun de ceux qui, depuis plusieurs siècles, se sont occupés d'histoire et d'antiquités. C'est ainsi que nous avons pu y faire de véritables découvertes, comme on ne croirait pas que l'on dût encore en faire dans la péninsule italienne.

En effet, à côté de l'Italie où tout le monde va, il y a, quand on prolonge le voyage plus loin dans le sud, une véritable Italie inconnue qui n'est pas moins intéressante que l'autre et qui ne lui cède en rien pour la beauté des paysages et la grandeur des souvenirs historiques. Elle n'a pas, il est vrai, les splendeurs incomparables de la Renaissance ; mais, en revanche, à côté des ruines des cités grecques de l'antiquité, le moyen âge en a couvert le sol de magnifiques monuments. Pour nous autres, Français, plus que pour aucun autre peuple de l'Europe, cette extrémité méridionale de l'Italie devrait éveiller une vive curiosité, car son histoire est intimement liée à la nôtre, et, à chaque pas, on y retrouve vivants les souvenirs des Normands et des Angevins, comme ceux des armées de Charles VIII et de Louis XII, ou enfin, plus près de nous, de l'expédition de Championnet et du gouvernement de Murat.

Jusqu'ici, la difficulté extrême des communications, le manque de routes, la crainte des brigands et, plus que tout peut-être, l'horreur des gîtes où l'on est obligé de descendre, ont écarté les voyageurs de cette belle contrée, où les mœurs gardent encore une physionomie si pittoresque. Elle commence à s'ouvrir aujourd'hui dans des conditions plus favorables. Le brigandage est éteint et la sécurité complète; plusieurs lignes de chemins de fer traversent le pays et y donnent sur beaucoup de points un accès facile; où ils n'existent pas encore, on ouvre de bonnes routes carrossables. Ce qui n'a malheureusement fait jusqu'à cette heure aucun progrès, ce sont les gîtes. Ceux qui s'ouvrent au public pour son argent sont exécrables, infestés de vermine, n'offrant, en outre, qu'une nourriture insuffisante et souvent malsaine. Mais que les voyageurs se multiplient, et l'on verra bientôt forcément s'installer des auberges convenables.

Dans l'état actuel des choses, je ne conseillerais d'entreprendre une tournée dans l'intérieur de la Pouille et dans la Basilicate qu'à ceux qui ont déjà fait en Orient l'apprentissage du métier de voyageur. Grâce à l'obligeance de M. La Cava, qui nous avait préparé les logements, c'est dans des conditions exceptionnelles que j'ai pu faire cette tournée. Partout l'hospitalité la plus aimable et la plus large nous attendait. Ce que j'ai rencontré dans chaque ville, de la part des habitants les plus distingués et des autorités, d'accueil cordial et sympathique, d'empressement à faciliter mes recherches, de libéralité dans les communications scientifiques, m'a pénétré de reconnaissance et restera profondément gravé dans mes plus chers souvenirs. Mais je me suis plus d'une fois demandé comment aurait pu se tirer d'affaire un touriste qui serait arrivé inconnu et sans recommandations, contraint de demander le vivre et le couvert à d'infectes *locande* de paysans.

A TRAVERS
L'APULIE ET LA LUCANIE

NOTES DE VOYAGE

TERMOLI

Termoli, sous le nom latin de *Termulæ*, qu'on lui donnait au moyen âge, n'est mentionné par aucun écrivain classique, mais il est possible que cette ville occupe l'emplacement de l'antique Buca, l'une des cités des Frentani. En tous cas, elle faisait partie du territoire de ce peuple, étroitement apparenté aux Samnites, lequel allait jusqu'au fleuve Frento, le Fortore actuel. De même aujourd'hui, Termoli appartient officiellement à la province de Chieti, dans les Abruzzes, mais, à beaucoup de points de vue, cette localité se rattache à la Pouille et en est comme l'entrée pour le voyageur venant du nord de l'Italie. C'est une petite ville de quelques milliers d'habitants à peine, « la plus sale de la côte de l'Adriatique, » disent les *Guides du Voyageur*, et certes cette réputation n'est pas usurpée. Je n'ai presque rien vu nulle part d'aussi repoussant de saleté que la vieille cité de Termoli, si ce n'est peut-être la ville haute de Syra, dans l'Archipel, qu'elle m'a rappelée par bien des traits. Lisez, d'ailleurs, ce qu'en dit dans ses lettres Paul-Louis Courier, qui faillit y être massacré dans une émotion populaire; elle n'a changé en rien depuis son temps.

C'est un dédale de petites ruelles au milieu de maisons croulantes, à demi ruinées depuis le sac par les Turcs, en 1567, et de l'aspect le plus misérable. Un fumier gluant et infect, que le soleil ne parvient point à sécher, y couvre d'une couche épaisse le pavé plein de trous et de fondrières. Dans cette fange grouillent pêle-mêle des enfants déguenillés et à demi nus et un peuple de cochons noirs beaucoup plus nombreux que les habitants de notre espèce. Nulle part, si ce n'est dans quelques villages de l'Irlande, on ne voit pareille promiscuité d'existence entre les humains et les porcs. Ici, sur le pas d'une porte, une vieille femme est assise avec une énorme truie couchée à ses pieds;

la bête sommeille voluptueusement, le ventre au soleil, le dos dans les ordures, la tête reposant sur les genoux de sa maîtresse comme celle d'un chien favori. Là, le regard, plongeant dans l'intérieur d'une maison, laisse apercevoir, sur la terre battue qui forme le plancher, un enfant vêtu d'une simple chemise et un jeune goret couchés et dormant ensemble en se tenant embrassés. C'est une fraternité vraiment touchante et dont le spectacle amuserait si l'on ne se sentait pas, en parcourant les rues, bientôt envahi par des légions de parasites qui pullulent dans cette saleté. La ville neuve, qui s'est bâtie depuis quelques années auprès de la station du chemin de fer, a des maisons construites d'hier, encore en partie éparses dans les champs, sans physionomie, des rues plus larges, mais sans pavé, dont la moindre pluie fait des marécages; les porcs y sont moins nombreux, mais elle n'est pas, malgré cela, beaucoup moins sale. Il faut être bien pressé par la faim pour se décider à manger dans l'unique hôtel qu'on y rencontre. Quant à y coucher, si j'étais jamais condamné à passer une nuit à Termoli, j'aimerais cent fois mieux aller dormir en plein air dans les champs, au risque d'y attraper la fièvre. Pourtant, me dit-on, il vient ici, dans la belle saison, plusieurs centaines de familles pour prendre les bains de mer. C'est des Abruzzes que descendent ces baigneurs; dans quelles conditions vivent-ils chez eux pour trouver de l'agrément à une villégiature dans cet endroit sordide?

Quelque répugnant que soit Termoli, c'est un lieu qui vaut un arrêt du voyageur. La situation de la vieille ville sur un rocher qui s'avance au milieu des flots, les surplombant à pic à une grande hauteur, est des plus pittoresques. On a, de là, une vue superbe, d'un côté sur l'âpre chaîne des Apennins de l'Abruzze, dominée par le sommet de la Majella; de l'autre, sur la mer, où l'on aperçoit, à 40 kilomètres au nord-est, les îles Tremiti, les *Insulæ Diomedeæ* de la géographie classique, qui possédaient, dit-on, le tombeau de Diomède, tandis qu'au sud l'horizon est fermé par le mont Gargano, qui forme ici l'éperon de la botte de l'Italie. Mais surtout Termoli offre à l'archéologue une cathédrale dont la façade, des premières années du xie siècle, a de la saveur et de l'intérêt. L'exécution en est sauvage, les sculptures barbares, mais le parti général est d'un accent puissant et grandiose, et l'ensemble a de la tournure et du caractère. L'influence du roman français, et spécialement bourguignon, y est empreinte d'une façon fort remarquable. Nous retrouvons là ces pilastres carrés supportant des arcatures engagées, dont l'imitation de l'attique du monument romain connu sous le nom de « porte d'Arroux », à Autun, a fait un des motifs favoris des architectes de la Bourgogne aux xi° et xii° siècles. On peut aussi les rapprocher de l'ornementation extérieure de certaines églises de la Toscane. Une inscription assigne pour date à la façade de la cathédrale de Termoli le pontificat du pape Pascal II. Une autre mentionne des travaux faits sous le pape Anastase IV (1153-1154) par un architecte appelé Giovanni Grimaldi, nom italien et peut-être génois. Au reste, dès le milieu du xi° siècle, Termoli a possédé des artistes d'une haute valeur. Tel était le sculpteur Alfano qui a exécuté et signé le magnifique ciborium de la cathédrale de Bari, offert par l'archevêque Niccolo Effrem (1035-1062).

C'est au ix° siècle qu'un évêché fut institué dans la ville de Termoli, qui sous les Longobards avait appartenu au castaldat de Chieti et sous Charlemagne avait été comprise dans le duché de Spoleto. Elle appartint quelque temps à l'abbaye du Mont-Cassin et fut ensuite du domaine royal. En novembre 1495, le roi Ferdinand II la donna à Andrea di Capua, comte de Campobasso, l'un des rares barons qui lui étaient restés invariablement fidèles lors de l'expédition de Charles VIII. A la fin du xvi⁰ siècle, Termoli fut érigé en faveur des descendants de ce personnage en un duché dont la famille Cataneo fit plus tard l'acquisition.

Quelques kilomètres après Termoli, la voie ferrée traverse le Biferno, Tifernus des anciens, qui descend du cœur de l'ancien pays des Samnites où il prend sa source auprès de Bojano (Bovianum), dans la partie du Matese qui portait le nom de *Mons Tifernus*. On passe à Campomarino, qui était une seigneurie du temps des Normands et fut détruit en 1240 par les Vénitiens, lors de leur guerre contre Frédéric II. Ce n'est que dans la seconde moitié du xv⁰ siècle que cette localité se releva de ses ruines, quand Alfonse d'Aragon y établit une des premières colonies albanaises qui vinrent se fixer au royaume de Naples, alors que Skanderbeg vivait encore. Les colons de Campomarino, comme ceux qui s'installèrent à la même époque dans plusieurs autres lieux du voisinage, venaient de la Toskharie et par conséquent professaient le rite grec. Ils ne l'abandonnèrent qu'en 1732 pour le rite latin ; quant à l'idiome schkype ou albanais, ils en ont encore conservé l'usage. Ayant appris à parler cet idiome avec les Albanais de l'Attique, dont le langage est une variété du dialecte toskhe, je me suis fait parfaitement comprendre des habitants de Campomarino.

Vient ensuite Chieuti, petite ville de 6,000 habitants, « jadis colonie d'Albe la Longue », dit gravement le *Guide* de Baedeker. Ceci veut dire en réalité que Chieuti est encore une colonie d'Albanais établis au xv° siècle. Si on lisait une aussi grotesque bévue dans une livre français, il n'y aurait pas assez de rires de l'autre côté du Rhin. Mais c'est dans un livre allemand qu'elle se trouve, et dès lors l'école trop nombreuse de ceux qui chez nous fléchissent humblement le genou devant l'infaillibilité de la science germanique se garderait bien de la relever. Entre Campomarino et Chieuti se trouve la localité déserte de Licchiano, où se voient encore les ruines de l'ancienne Cliternia, ville dont le nom seul est connu par les géographes. On la comptait quelquefois comme de l'Apulie, car la frontière nord de cette contrée a été placée tantôt au Tifernus, tantôt au Frento. La vraie limite la plus ancienne était constituée par ce dernier fleuve, le Fortore de nos jours, au delà duquel commençait seulement le pays habité par les Dauniens avant la conquête romaine.

Le Fortore franchi, le train s'arrête à la station de Ripalta. C'est tout auprès de là, dans le voisinage du fleuve, qu'était la ville de Cività (1), disparue au milieu des guerres du xve siècle et qui a laissé son nom à un gué du fleuve, le Passo di Cività. Elle joua un rôle considérable dans l'histoire de la conquête de la Pouille par les Normands. Là dès 1017 les deux cents chevaliers conduits par Osmond Drengot, Raoul de Troëni et Gilbert Buatère, qui avaient répondu à l'appel adressé l'année précédente à quelques-uns d'entre eux par Melo, quand il les avait rencontrés au pèlerinage de Saint-Michel du Gargano, eurent leur second engagement avec les Grecs, battus une première fois un peu plus haut sur le cours du Fortore. La bataille de Cività fut décisive; le stratigos Léon Patianos y périt et le catapan Andronicos Contoléon, complètement défait, s'enfuit à Bari, où Basilios Boyoannis fut bientôt envoyé pour le remplacer. Cette journée rendit les

1. C'est à tort que beaucoup d'historiens modernes ont appelé cette ville Civitella ou Civitate.

Normands et Melo pour deux ans maîtres de toute la plaine de la Capitanate jusqu'à l'Ofanto. Écrasés à Cannes par des forces infiniment supérieures, ils la perdirent en 1019.

Un peu plus de trente ans après, lors de la seconde entreprise des Normands sur la Pouille, de celle que conduisaient les fils de Tancrède de Hauteville, Città fut encore une des premières villes prises par eux. Le partage de 1043 à Melfi l'assigna au comte Gautier.

Mais c'est en 1053 que Città vit se décider réellement sous ses murs le sort de l'Italie méridionale. Bruno, évêque de Toul en Lorraine, élevé à la papauté sous le nom de Léon IX, avait conçu le dessein d'expulser d'Italie, avec l'aide des Allemands et des Grecs, les Normands, qui à ce moment, dans la fièvre des luttes de la conquête, irrités de la résistance qu'ils rencontraient, s'y conduisaient en vrais barbares. Une première fois, en 1052, il avait rassemblé pour cet objet une armée de milices italiennes; mais elle s'était dispersée sans combattre. Il avait alors été demander à Worms à l'empereur Henri III de passer les Alpes en personne pour venir combattre les Normands, et il avait encore échoué dans sa tentative. Cependant il était parvenu à recruter dans la Souabe un noyau assez nombreux d'aventuriers d'une valeur éprouvée, commandés par deux capitaines d'une certaine renommée, Walther et Albrecht. Il s'était mis en relations avec Argiro, le fils de Melo, qui, prenant la tête des patriotes longobards de l'Apulie et les réconciliant comme lui-même avec l'empereur de Constantinople, par haine des étrangers venus de Normandie auxquels il s'était d'abord associé, avait reçu de la cour byzantine les titres de vestiarios et duc d'Italie. Argiro avait promis au Pape une coopération active et s'était fait envoyer des troupes d'Orient.

Au mois de mai 1053, le Pape, suivi de ses Allemands, se rendit au Mont-Cassin et de là, s'engageant dans les défilés des Abruzzes, franchit l'Apennin pour déboucher sur le versant de l'Adriatique, en ralliant sur sa route les contingents qui répondaient à son appel. Les haines que les Normands avaient fini par soulever contre eux, le désir de s'emparer de leurs dépouilles et de châtier leur arrogance, et aussi la sainteté reconnue de Léon IX, son autorité morale, avaient attiré beaucoup d'Italiens sous la bannière de Saint-Pierre. Rome, Spoleto, Ancône, Fermo, Bénévent avaient envoyé leurs milices à l'armée papale; tous les seigneurs des environs de Rome, de la Sabine et des Abruzzes s'étaient empressés de s'y rendre, comme les Longobards de la Campanie; Adénulfe, duc de Gaëte, Lando, comte d'Aquino, et Landulfe, comte de Teano, y figuraient avec leurs hommes d'armes. Deux siècles et demi plus tard, d'après le souvenir qu'avait laissé le rassemblement de cette immense armée, Dante, pour donner l'idée d'une foule innombrable, ne trouvait pas de meilleure image que de dire qu'on arriverait à peine à l'égaler :

> Se s'adunasse ancor tutta la gente
> Che già in sù la fortunata terra
> Di Puglia fu del suo sangue dolente
> . . . .
> Con quella che sentio di colpi doglie
> Per contrastare à Roberto Guiscardo.

On s'avançait plein de confiance dans le succès, comptant donner la main à Argiro et à ses Grecs au pied du Gargano. Le jeune cardinal Frédéric de Lorraine, qui fut plus tard Pape sous le nom d'Étienne IX, se vantait de pouvoir disperser facilement tous les Normands avec seulement cent lances allemandes. Les Normands n'avaient pas un seul allié ; même le jeune prince de Salerne, Gisulfe, qu'ils avaient remis sur son trône l'année précédente, n'osait pas se déclarer pour eux et gardait la neutralité. Ils ne pouvaient plus compter que sur eux-mêmes ; mais ils ne désespérèrent pas un seul instant et s'unirent tous étroitement pour faire face au danger commun. Richard, comte d'Aversa, accourut avec tout son monde au secours d'Humfroi, comte de la Pouille ; Robert Guiscard, oubliant ses nombreux griefs contre son frère, amena de son château fort de San-Marco Argentaro, dans le Val di Crati, tout ce qu'il avait d'hommes d'armes normands et les nombreux Calabrais qui dès lors s'étaient attachés à sa fortune. Heureusement pour eux les Grecs étaient entrés en ligne avant l'heure et Humfroi avait eu le temps de battre près de Siponto le duc Argiro, qui s'était enfui blessé du champ de bataille, Robert celui de disperser sous Cotrone l'armée du protospatharios ou maréchal Sicon, officier d'origine longobarde qui commandait les troupes impériales en Calabre, avant de se retourner contre le Pape.

La bataille eut lieu le 18 juin sous les murs de Cività, qu'avaient occupé les soldats de Léon IX. Humfroi commandait le centre de l'armée normande, opposé aux Souabes, Robert Guiscard la gauche et Richard d'Aversa la droite. Ceux-ci n'eurent pas de peine à venir à bout des Italiens, qui s'enfuirent au premier choc. Les Allemands, au contraire, se battirent avec la plus grande vaillance et firent reculer la « bataille » d'Humfroi. Mais Robert et Richard, une fois vainqueurs, se rabattirent sur leurs flancs et les rompirent. Ils se firent presque tous tuer sur place plutôt que de reculer.

Le Pape avait été entraîné par la foule des fuyards à Cività. Quand les habitants virent que les Normands avaient détruit son armée et se préparaient à attaquer la ville, ne voulant pas se compromettre avec lui, ils le jetèrent brutalement hors de leurs murs. Le malheureux pontife n'eut plus d'autre ressource que de se mettre en route avec ses clercs, précédé de la croix, et d'aller au-devant des vainqueurs pour se rendre à leur merci. Aussitôt qu'ils se virent en possession de sa personne, les Normands se jetèrent à genoux autour de lui, demandant à grands cris sa bénédiction. Ils lui prodiguèrent à l'envi tous les honneurs dus à sa dignité spirituelle, mais en même temps le retinrent bel et bien prisonnier jusqu'à ce qu'il eût révoqué les excommunications prononcées contre eux et donné à Humfroi et à Robert l'investiture de la Pouille et de la Calabre. Alors, quand il déclara vouloir se retirer à Bénévent, dont l'empereur Henri III venait de lui reconnaître la possession, ils s'offrirent à lui faire jusqu'à cette ville et dans Bénévent même une garde d'honneur. Léon IX n'était pas en mesure de refuser et dut subir encore cette marque de déférence, qui n'était qu'un moyen peu déguisé de le tenir encore sous leur main.

Le nom de Cività, appliqué à beaucoup de lieux de l'Italie, caractérise toujours le site d'une ville antique importante. Celle qui se trouvait au passage du fleuve Frento était Teanum d'Apulie. Grande cité dès l'époque de l'indépendance des indigènes, elle se soumit en 318 av. J.-C. aux consuls romains M. Foslius Flaccinator et L. Plautius Venno, en même temps que Canusium (Canosa). Pendant la seconde Guerre Punique, le dictateur M. Junius Pera y fixa ses quartiers d'hiver. Du temps de Cicéron et encore sous l'Empire, c'était un municipe florissant. Son emplacement a fourni de nombreuses inscriptions latines, dispersées dans les environs.

Après Ripalta, nous laissons sur notre gauche, au nord-est, le lac de Lesina, vaste lagune salée et très poissonneuse, communiquant avec la mer, à laquelle succède une autre de même nature, le lac de Varano, au pied du Gargano. Le lac de Lesina doit son nom à une petite ville située près de ses bords, originairement colonie de pêcheurs slaves venus de l'île de Lesina sur la côte de Dalmatie, de l'autre côté de l'Adriatique. Dès le début du xi° siècle on voit des comtes de Lesina d'origine longobarde. Dans la seconde moitié du xii° siècle, sous le roi Guillaume le Bon, c'était un fief assez important pour fournir 15 hommes d'armes aux appels du souverain. Au xiii° siècle Lesina eut un moment un évêque. Actuellement elle est presque dépeuplée par la mal'aria. Ces lagunes stagnantes et progressivement envasées sont des foyers de pestilence. Il n'y aura possibilité de rendre leurs alentours habitables qu'en les faisant graduellement disparaître par un colmatage intelligemment conduit, comme celui qui commence à donner d'excellents résultats au lac de Salpi.

La voie ferrée s'éloigne de la mer et traverse des dunes de sable en partie couvertes d'une maigre végétation, au sortir desquelles elle s'enfonce dans l'ennuyeuse plaine du Tavoliere di Puglia, comprise entre le Gargano à l'est et la chaîne de l'Apennin à l'ouest, plaine sans ondulations, sans un arbre, et auprès de laquelle la Beauce elle-même paraîtrait riante et variée. Le contraste est frappant avec le pittoresque des Abruzzes, dont on vient, par le train direct, de suivre la côte pendant six heures, à partir de l'ancienne frontière des États Pontificaux. Là, en effet, les montagnes, ouvertes de distance en distance par de larges vallées au fond desquelles on aperçoit, se dressant jusqu'aux nuages, les plus hauts sommets des Apennins, baignent dans la mer leurs derniers escarpements couverts de mâquis solitaires de lentisques et de chênes kermès, ou bien de bois d'oliviers séculaires que traverse le chemin de fer et d'où l'on voit, entre les troncs noueux et les rameaux chargés d'un glauque feuillage, briller au pied de la falaise, sous les rayons du soleil, les flots bleus de l'Adriatique.

FOGGIA

La vaste plaine du Tavoliere, dont la monotonie n'est pas suffisamment rachetée par l'horizon de montagnes qui la termine des deux côtés, est animée seulement pendant les mois d'hiver par les immenses troupeaux qui descendent des montagnes; le reste de l'année, elle demeure un désert où l'on n'aperçoit pas un seul être vivant. Le sol en est d'une grande fertilité; mise en culture, elle pourrait être le grenier de l'Italie entière, ou bien devenir facilement un verger de vignes et d'arbres fruitiers, comme la province de Bari qui lui succède immédiatement au sud-est, et où le terroir est de même nature. Au lieu de cela, ce n'est qu'une steppe en majeure partie inculte, qui n'est propre qu'au pâturage et où les défrichements se développent seulement depuis quelques années. C'est la main de l'homme qui a réduit cette plantureuse province à un tel état, produit de l'avidité fiscale et de la honteuse ignorance économique des gouvernements qui ont pesé sur le Napolitain depuis quatre siècles, faisant reculer vers la barbarie la plus magnifique portion de la péninsule italienne, tandis que le reste de l'Europe s'avançait dans la voie du progrès et de la civilisation.

De tout temps, par une nécessité de nature, l'industrie pastorale a été la grande ressource des populations qui habitaient la partie de la chaîne de l'Apennin connue dans l'antiquité sous le nom de Samnium. Les hauts sommets des montagnes n'étaient propres qu'à nourrir des troupeaux. En même temps, les neiges qui couvrent ces sommets chaque hiver imposaient nécessairement aux pasteurs le régime de la transhumance; leurs bêtes ne pouvaient vivre qu'à la condition d'être conduites pour hiverner dans les parties basses et plus chaudes qui avoisinent la mer. C'est là ce qui poussait, autant que l'appât du pillage, les Samnites à se jeter sur les riches cités de l'Apulie pour en entreprendre la conquête. Ils en voulaient les territoires pour les enlever à la culture des céréales, et y faire librement vaguer leurs troupeaux pendant la saison mauvaise. On peut juger de ce qu'était déjà le développement de la pâture transhumante dans les premiers siècles qui suivirent la conquête romaine par un fait que raconte Tite-Live. En 187 avant Jésus-Christ, le préteur L. Postumius dut réprimer une grande conjuration pour une révolte servile qui avait été ourdie parmi les pâtres nomades de l'Apulie, et il en condamna à mort jusqu'à deux mille. Pourtant la République avait pourvu aux intérêts du maintien de l'agriculture dans la contrée autant qu'à ceux de la défense militaire par la fondation de nombreuses colonies de droit latin, auxquelles on avait réparti par voie de lotissement une large portion de *l'ager publicus* conquis sur les indigènes, à condition de le cultiver. Mais pendant la décadence du gouvernement républicain, et encore plus sous l'Empire, il arriva dans cette contrée la même chose que dans le reste de l'Italie. La petite propriété, qui avait fait la force et la base de recrutement des armées romaines, disparut graduellement, absorbée dans les *latifundia*. Les domaines du fisc s'accrurent de siècle en siècle jusqu'à englober la majeure partie du territoire, et, parallèlement à la marche de la dépopulation, le pâturage vague prit la place de la culture. Le droit perçu par tête sur les bestiaux, qui, l'été dans les montagnes et l'hiver dans la plaine, erraient sous la conduite de pasteurs à demi sauvages sur les terres publiques transformées en pâtures et ne connaissant plus le labour, devint en Apulie la principale source de revenus du fisc impérial.

Les invasions barbares trouvèrent cet état de choses organisé et le conservèrent. Les rois des Ostrogoths se substituèrent aux propriétés et aux droits du fisc, et sur les terres mêmes qu'ils distribuaient à leurs compagnons d'armes, ils maintinrent à la pâture le caractère d'un droit régalien donnant lieu à la perception de l'impôt par les agents financiers du souverain. Ainsi firent également, les Longobards qui distinguèrent les redevances des troupeaux en *herbaticum*, *escaticum* et *glandaticum*, suivant qu'ils paissaient sur les prairies permanentes, sur les terres en friche ou dans les bois. Les Normands et après eux les princes de la maison de Souabe en continuèrent la perception en les réunissant sous le nom commun de *fida*. On voit par les diplômes de cette époque que, lorsque le souverain concédait un fief dans la Pouille, il se réservait exclusivement, dans toute l'étendue de son territoire, la levée de la *fida* sur les troupeaux transhumants. C'est le bailli royal de la ville la plus voisine qui avait mission de la percevoir. On lit dans les *Constitutions de Frédéric II* que, si les bestiaux, sur leur passage ou dans leur séjour d'hiver, ont fait sur les terres des particuliers du dégât dans les arbres ou dans les récoltes, une indemnité sera due aux propriétaires, mais qu'ils n'auront rien à réclamer pour le fait du pâturage de leurs terres non labourées, car l'herbe appartient au souverain, qui seul a droit d'en tirer profit. Le propriétaire du sol, celui à qui il avait été inféodé, ne rencontrait aucune entrave à le mettre en culture quand et comme il voulait; les agents fiscaux ne devaient ni limiter, ni réglementer en ceci l'exercice de son droit. Mais, sur les terres qu'il négligeait de défricher ou qu'il laissait périodiquement en jachère, la vaine pâture revenait au roi, qui l'affermait aux troupeaux descendant des montagnes moyennant l'acquittement du droit fixé par la coutume. Sous ce régime, le labourage reprit rapidement du terrain et tendit à restreindre la pâture, au grand avantage de la prospérité du pays.

Il fut maintenu par les premiers Angevins, qui centralisèrent à Foggia l'administration de la *fida*. Au cours des troubles qui suivirent la mort de Robert le Sage et remplirent tout un siècle, l'autorité royale fut tellement ébranlée et réduite que la redevance des troupeaux transhumants tomba en désuétude, et les barons de la Capitanate devinrent de fait libres de disposer du pâturage de leurs terres et d'en tirer profit, ainsi que de vendre sans intervention du fisc les terrains spécialement affectés à cette destination. C'est ce dont ils demandèrent la confirmation légale à Alfonse d'Aragon dès qu'il eut ceint la couronne, et ce qu'il leur accorda d'abord tant que son pouvoir fut encore mal affermi. Mais plus tard, quand il se sentit assez fort, il revint sur cette concession et chercha pour son trésor une source de revenus faciles à percevoir en imposant à la Capitanate et à une partie de la Pouille proprement dite le régime du pâturage forcé.

Une loi royale délimita dans la plaine un territoire qui reçut alors pour la première fois le nom officiel de Tavoliere et fut affecté à recevoir les troupeaux pendant l'hiver. On le forma sans tenir compte de la distinction des terres du domaine et de celles des particuliers. Ces dernières y furent incorporées d'autorité par une véritable confiscation, et leurs propriétaires ne purent plus y consacrer à la culture qu'une superficie restreinte, invariable et fixée par inscription sur des registres *ad hoc*. Le reste de leurs terres, et de beaucoup la plus grande part, dut rester en pâturages, occupés par le fisc moyennant une rente que celui-ci déterminait lui-même ; il était interdit, sous les peines les plus sévères, de jamais essayer de les cultiver. Les propriétés ainsi incorporées au Tavoliere se transmettaient par héritage dans les familles ; mais on ne pouvait les vendre qu'avec l'autorisation de la couronne, qui, en pareil cas, possédait un droit de préemption au taux qu'il lui plaisait de fixer pour la valeur du fonds.

En même temps, prohibition fut faite de la façon la plus rigoureuse aux propriétaires de bestiaux et aux pâtres des trois provinces des Abruzzes de conduire leurs troupeaux, pour passer l'hiver, ailleurs que dans le Tavoliere. Ils devaient s'y rendre à des époques fixes, sous la surveillance des autorités, et s'y établir dans certains cantons, toujours les mêmes pour ceux qui provenaient de telle ou telle localité, en acquittant par tête de bétail un droit perçu à l'entrée et à la sortie. Un système de chemins spéciaux, désignés sous le nom de *tratturi*, dut servir aux migrations périodiques des troupeaux. Ces chemins sont garnis de bornes milliaires mesurant les distances à parcourir. Tous leurs embranchements se réunissent dans le *tratturo grande*, longue artère herbue et sans empierrement, de 80 à 120 mètres de large, qui se prolonge depuis les environs d'Aquila jusqu'au delà d'Andria. C'est par là qu'encore aujourd'hui, chaque année, descendent en novembre et remontent en mai, en se succédant sans interruption pendant des journées entières, des colonnes de bœufs à demi sauvages, escortés par des pâtres à l'air farouche qui chevauchent armés d'une longue lance, et surtout d'immenses bandes de moutons. Le troupeau de moutons s'appelle une *punta* et compte généralement 10,000 têtes. Il s'avance par sections de 3 à 400 animaux que conduit un berger à pied, muni d'un long bâton en forme de crosse d'évêque et assisté dans son office par cinq ou six chiens énormes, au poil blanc comme la neige. Le pasteur chef, monté à cheval, parcourt incessamment le flanc de la colonne pour surveiller et activer sa marche. En queue viennent les femmes et les enfants des bergers, montés sur des chevaux et des ânes, qui portent aussi les ustensiles de ménage et le mobilier sommaire des familles, tandis que les poulains et les ânons au poil bourru caracolent autour de leurs mères. C'est comme la migration d'une tribu arabe.

Pour surveiller les voyages de ces troupeaux nomades et leurs cantonnements, ainsi que pour percevoir les droits sur le bétail, une administration spéciale fut créée par Alfonse, celle de la *Regia Dogana della mena delle pecore in Puglia*, dont le centre fut placé à Foggia. Elle eut pour premier chef le pupille même du roi aragonais, François Montluber, et le revenu qu'elle fournissait à la couronne finit avec le temps par monter à 380,000 ducats d'or.

En effet, les souverains d'origines diverses qui gouvernèrent Naples pendant la durée du xv° et du xvi° siècle, avides de se procurer un revenu certain et facile à percevoir, même au prix de la ruine du pays, poursuivirent incessamment l'extension du pâturage forcé et l'agrandissement du territoire du Tavoliere. Ferdinand I°⁺, en 1467, inaugura ces accroissements, que développèrent à l'envi les premiers vice-rois espagnols. Graduellement, on en vint à prolonger la région soumise à la servitude de pâture jusque dans une partie de la province de Bari, sur la chaîne des Murgie, de manière à lui faire embrasser une superficie de plus de 300,000 hectares, de Torre-Maggiore à Andria dans une direction, de Troja à Arignano dans une autre. C'était la destruction de l'agriculture sur tout ce vaste territoire, et par suite sa dépopulation ; aussi tous les villages qui le parsemaient au moyen âge disparurent-ils rapidement. Il ne resta que quelques villes où se tenaient des marchés. Sur la faible part du sol qu'on avait réservée à la culture, sur des champs enclavés au milieu des paissances de troupeaux mal gardés, incessamment envahis par eux, on ne pouvait maintenir ni la vigne ni les arbres fruitiers, que leur dent faisait périr. Il n'y avait moyen de produire que quelques céréales, qui mûrissaient et que l'on moissonnait pendant la saison où les bestiaux n'étaient pas là. Encore, dans le printemps, quand les blés étaient en vert, les ravages des troupeaux y étaient tels, que les réclamations d'indemnités, pour lesquelles il fallait s'adresser à l'administration fiscale, donnaient lieu à des litiges judiciaires continuels. On avait coutume de dire qu'avec ces demandes et les contestations pour le loyer dû par la couronne aux possesseurs du sol, les affaires du Tavoliere di Puglia fournissaient la moitié du revenu des avocats auprès des tribunaux suprêmes de Naples. Dans ces conditions, beaucoup de propriétaires renonçaient à labourer la portion de terre qu'ils étaient autorisés à cultiver encore ; ils préféraient la laisser en friche, et, ainsi, elle retombait en pâture.

Ce régime n'eut pas des effets moins désastreux pour les montagnes d'où venaient les troupeaux que pour la plaine qui les recevait. Pour augmenter les produits de la douane de Foggia, les agents du gouvernement poussèrent par tous les moyens les habitants des Abruzzes à substituer l'élève facile des bestiaux en troupeaux transhumants au rude labeur de la culture du sol, offrant ainsi une prime à la paresse. Au temps d'Alfonse, 90,000 moutons descendaient annuellement en Capitanate ; en 1592, il en venait 4 millions 1/2. Pour suffire à la nourriture de tant de bêtes dans l'été, la vaine pâture ne demeura plus confinée sur les sommets qui n'étaient pas aptes à autre chose. Elle envahit de tous côtés des terrains jusqu'alors bien cultivés, qui donnaient de riches récoltes de vin, d'huile et de grains. Les dégâts des moutons et des chèvres ruinèrent les forêts avec les incendies résultant de l'incurie des pâtres ou même allumés intentionnellement par eux, amenant le déboisement et la dénudation des pentes et livrant le fond des vallées aux ravages capricieux des torrents, qui les rendent inhabitables. Le mal ainsi produit sera peut-être à jamais irréparable.

Ajoutons que ce développement sans mesure de la vie pastorale ramenait les provinces sur lesquelles il s'étendait à un état social touchant à la barbarie primitive. Car il y donna naissance à toute une nombreuse population de pâtres farouches, menant une existence à demi sauvage, déshabitués du travail régulier, sans racines dans le sol, adonnés à la vie nomade et faits dès l'enfance à se soustraire au joug des lois, qui n'atteignent sérieusement que les sédentaires. C'est dans cette population que se recruta principalement le brigandage, qui devint le fléau permanent des Abruzzes et de la Capitanate.

Organisé, comme nous venons de le dire, par l'avidité fiscale d'Alfonse et aggravé encore par ses successeurs, le désastreux système du pâturage forcé du Tavoliere s'est maintenu pendant plus de quatre cents ans. Ce n'est pas qu'il ne soulevât bien des plaintes. Tous les esprits éclairés du xviiie siècle, et ils furent nombreux dans l'État napolitain, signalèrent ce régime comme une honte pour un pays civilisé, un obstacle à tout progrès dans une des parties les plus fécondes du royaume, une monstruosité par rapport aux principes économiques les plus vulgaires, et en réclamèrent hautement l'abrogation. Le gouvernement royal ne les écouta pas. La République Parthénopéenne voulait procéder à l'affranchissement des terres de la Capitanate, mais la trop courte durée de son existence ne lui permit pas de réaliser cette partie du noble programme de Mario Pagano et de ses collègues. C'est au gouvernement de l'occupation française sous le premier empire qu'était réservé l'honneur de le tenter pour la première fois, et ce n'est pas un des moindres titres d'éloges de ce gouvernement imposé par la force des armes, qui, en huit années, sous Joseph Bonaparte, puis sous Murat, racheta par tant de grandes œuvres, tant de progrès accomplis et de bienfaits, la tache de son origine étrangère. Une loi du 21 mai 1806 abolit le régime de la pâture obligatoire et rendit aux propriétaires du Tavoliere le droit de disposer librement de leurs terres en les cultivant et en les vendant ou les affermant comme ils voudraient.

Là fut en partie la cause de l'ardeur avec laquelle les pâtres de l'Abruzze, qui se regardaient comme lésés dans leurs intérêts par une telle mesure, se jetèrent dans les rangs des bandes de malandrins soulevées par les partisans du gouvernement déchu et soudoyées par l'or britannique, que le général Manhès réprima avec une si implacable énergie (1). Pour payer leurs services, les Bourbons, une fois restaurés, abrogèrent par un édit royal de 1817 la loi de 1806 et rétablirent toutes les vieilles prescriptions d'Alfonse d'Aragon, détestable retour à l'une des plus fâcheuses pratiques de l'ancien régime. Les choses restèrent ainsi jusqu'en 1860, enchaînant de force des provinces entières à croupir dans un état social qui les reportait bien en arrière du moyen âge. L'Italie nouvelle ne pouvait les laisser ainsi sans manquer à la mission de relè-

1. Quelque féroce que le général Manhès se soit souvent montré dans cette répression, il avait pour lui les sympathies de la bourgeoisie éclairée et libérale des villes. On voit encore dans la muraille extérieure de la petite cathédrale gothique du Vasto, sur le littoral de l'Abruzze, une inscription ainsi conçue : *Carlo Antonio Manhès, distruttore de' briganti, primo cittadino del Vasto, 10 aprile 1810.* Les habitants, fidèles au souvenir du rude guerrier qui avait délivré leurs campagnes du brigandage, refusèrent de la laisser enlever sous le gouvernement des Bourbons.

vement qu'elle avait assumée. On est en droit de lui reprocher de ne pas s'être jusqu'à ce jour suffisamment occupée de porter remède aux poignantes souffrances d'une grande partie de ses populations agricoles ; mais, du moins, en ce qui touche au Tavoliere di Puglia, elle a fait ce qu'elle devait, aiguillonnée là plus qu'ailleurs par la pensée qu'elle portait la hache à la racine même de ce brigandage que, pendant quelques années, elle avait vu se dresser si redoutable contre elle en se couvrant d'un drapeau politique. Une loi mûrement délibérée par les deux chambres du royaume et promulguée le 16 février 1865 a prononcé l'affranchissement définitif du territoire asservi à la pâture. Celle-ci est devenue facultative, et les propriétaires ont recouvré la libre disposition de leurs terres. En outre, pour encourager le retour à une mise en culture plus productive du sol, l'administration des domaines a reçu le pouvoir d'affermer par parcelles, sous condition de défrichement, les biens de l'État compris dans les anciennes limites du Tavoliere, et de grandes facilités sont données à ceux qui prennent ces parcelles à bail pour se transformer de fermiers en propriétaires en payant des annuités successives.

Les heureux effets de cette loi éminemment libérale n'ont point tardé à se faire sentir. D'année en année, la vie tend à revenir dans la Capitanate ; la pâture vague recule devant la culture, qui gagne du terrain ; la production des céréales se développe sur la plus vaste échelle ; en beaucoup d'endroits, on commence à planter des vignes. Pour quelqu'un qui, comme moi, a visité le pays pour la première fois en 1866 et depuis y est revenu à plusieurs reprises, il est facile d'apprécier le progrès accompli déjà. Mais il n'est rien encore à côté de celui qui reste à réaliser. La transformation n'est pas aussi rapide qu'on eût pu l'espérer. Les capitaux manquent, et pour l'achever il faudrait un développement des institutions de crédit agricole qui fait défaut à l'Italie.

C'est au centre de la plaine du Tavoliere que s'élève la ville populeuse qui, depuis le moyen âge, est restée le chef-lieu de la Capitanate. Foggia n'a pas une origine antique ; elle a remplacé l'ancienne cité d'Arpi, appelée Argyrippa des Grecs, qui lui donnaient Diomède pour fondateur. Arpi était la cité principale du peuple des Dauniens et n'a laissé que des ruines insignifiantes, éloignées de Foggia d'environ 8 kilomètres dans la direction du nord. La substitution d'une ville à l'autre, le déplacement du centre de la population a dû s'opérer sous la domination des Byzantins, mais on en ignore la date précise. En tout cas, Foggia existait déjà lors de l'établissement des Normands, sous lesquels elle prit un rapide essor. Sa fortune a été toute commerciale et administrative ; elle était le principal marché où les pâtres du pays environnant venaient s'approvisionner et vendre leurs troupeaux, le siège des employés du fisc chargés de percevoir l'impôt de la *fida*. Aussi, dans toutes les guerres qui ont ravagé pendant des siècles cette portion de l'Italie, la possession de Foggia était-elle considérée comme une chose capitale ; elle assurait immédiatement de grandes ressources financières. C'est pour la commander, avec toute la plaine, que Frédéric II choisit Lucera, située à 17 kilomètres de là et regardée comme la clef du pays, pour y établir les cantonnements fixes de ses Sarrasins. Quand Innocent IV voulut prendre possession du royaume à la mort de l'empereur Conrad, le premier soin de l'armée pontificale, à peine débouchée des montagnes à Troja, fut de se saisir de Foggia. Plus tard ce fut bien autre chose quand Alfonse eut organisé le régime fiscal du Tavoliere. En lisant les récits des luttes entre Français et Espagnols pour la possession du royaume de Naples sous Charles VIII, Louis XII et François Ier, il est impossible de ne pas être frappé de ce que les mouvements des armées y ont d'inexplicable au point de vue purement stratégique. Quel que soit l'état de la campagne en cours d'exécution, quelques résultats que l'une ou l'autre des deux parties semble au moment d'atteindre, brusquement toutes deux abandonnent à l'automne les opérations commencées pour se précipiter sur la Capitanate. C'est qu'elles cherchent à se gagner de vitesse et que la première arrivée des armées lèvera sur les troupeaux, à leur descente des montagnes, le tribut qui constitue le revenu le plus clair de la couronne et permettra de nourrir la guerre pendant une année encore. Il arrive même quelquefois que, lorsqu'une des armées n'a pas assez devancé l'autre et n'est pas en force suffisante pour l'empêcher de s'emparer des péages, elle se jette sur les troupeaux en route et en fait une effroyable boucherie, parce que chaque mouton ou chaque bœuf mort fait du moins un droit qui n'entrera pas dans la caisse de l'ennemi.

Foggia compte aujourd'hui bien près de trente-neuf mille habitants. Renversée de fond en comble par un tremblement de terre en 1731, c'est une ville toute moderne, propre et animée, qui plaît beaucoup aux bourgeois et aux commis-voyageurs. Les rues en sont singulièrement larges; les maisons, solidement voûtées, aux toits plats, n'ont généralement qu'un étage au-dessus du rez-de-chaussée. Tout ceci est manifestement conçu pour éviter, en cas de nouveau tremblement de terre, le retour d'un désastre pareil à celui que la ville a subi il y a un siècle et demi. Une des curiosités du lieu est la vaste Piazza delle Fosse, dont le sol est entièrement creusé d'innombrables silos destinés à conserver, jusqu'au moment de leur vente, les grains recueillis dans les champs des alentours.

En raison de sa destruction au siècle dernier, Foggia n'a gardé que bien peu de vestiges de son brillant passé du moyen âge. Mais ce qui en subsiste a une réelle valeur. La cathédrale, bâtie en 1179 et où Manfred fut couronné en 1258, devait être, parmi les églises normandes de la Capitanate, une des plus grandes et des plus pures de style. Malheureusement il n'en est resté debout qu'un lambeau, la moitié de la façade, que l'on a eu le bon goût, au xviii° siècle, de conserver en l'englobant dans la construction nouvelle. C'en est du moins assez pour juger de ce que l'édifice, quand il était complet, avait de majesté simple et d'imposante tournure, et pour faire déplorer la perte du reste. On retrouve à cette façade les mêmes pilastres carrés que nous avons déjà vus à celle de la cathédrale de Termoli.

Par-dessous l'église règne une de ces cryptes supportées par une sorte de forêt de colonnes de marbre comme en possèdent tant de basiliques normandes de la Pouille, cryptes où l'influence de l'architecture arabe est si marquée. Celle de Santa-Maria de Foggia a malheureusement été, comme presque toutes les autres, modernisée et défigurée, surtout dans ses voûtes, où l'on a appliqué des ornements du plus mauvais goût. Mais les colonnes, avec leurs chapiteaux et leurs bases, sont demeurées intactes. Il en est surtout quatre, en marbre rouge, qui sont intéressantes par la similitude de leurs chapiteaux avec ceux du bel ambon de Ravello près d'Amalfi, similitude de composition et d'exécution telle qu'il n'est pas possible de douter que les uns et les autres n'aient été exécutés par la même main. Et précisément l'ambon de

Ravello porte dans ses inscriptions la signature d'un artiste dont il est tout naturel de trouver des travaux dans le chef-lieu de la Capitanate, puisque c'était sa ville natale, maître Nicolao da Foggia.

Tout auprès de l'église un débris échappé aussi au désastre de 1731 marque l'emplacement du palais de l'empereur Frédéric II. C'est un arc de beau style, qui devait en former l'entrée principale et qui est aujourd'hui engagé dans la façade d'une maison particulière. Deux rangs de feuillage finement sculpté en décorent l'archivolte, dont les retombées sont reçues par deux aigles de face, tout à fait pareils à ceux qui sont figurés au revers des belles monnaies d'or de l'empereur désignées sous le nom d'*augustales*. Chacun de ces aigles repose sur un socle au-dessus d'une imposte richement ornée. Dans la maçonnerie moderne qui remplit l'arceau surmontant la porte de la maison, l'on a encastré une pierre provenant de la façade du palais. Elle porte une triple inscription qui en donne la date, juin 1223. C'est l'année où avait eu lieu, dans le mois de mars, l'assemblée de Frentino, dans laquelle Frédéric s'était rencontré avec Honorius III et avait arrêté le plan d'une croisade, l'année où il se fiança avec Yolande, fille de Jean de Brienne, le roi titulaire de Jérusalem. Déjà Frédéric avait antérieurement passé à Foggia plusieurs mois de 1221. Commencé en 1223, le palais était achevé au mois de mai 1225, époque où l'Empereur vint s'y installer. Désormais ce fut une de ses résidences favorites ; il n'était pas d'année qu'il n'y demeurât plusieurs mois. C'est là que mourut, en 1241, sa troisième femme, Isabelle d'Angleterre, qui fut enterrée dans la crypte de la cathédrale d'Andria, à côté de la tombe où reposait déjà la seconde, Yolande de Brienne.

Les deux vers léonins par lesquels l'inscription se termine,

*Hoc fieri iussit Fredericus Cesar ut urbs sit
Foggia regalis sedes inclita imperialis,*

ont tout à fait la tournure des épigrammes latines, tantôt élogieuses et tantôt satiriques, que Frédéric se plaisait à composer sur les villes de ses États et que certaines d'entre elles, comme Andria, ont fait graver au-dessus de leurs portes ainsi que des titres d'honneur. On ne se tromperait donc pas, je crois, en la comprenant dans le recueil des œuvres poétiques de cet empereur. Mais il y a mieux. Frédéric, intelligence supérieure au travers de ses vices, nature d'artiste en même temps que de politique, esprit singulièrement cultivé pour son temps, épris de tous les raffinements et de toutes les élégances, se piquait d'exercer les arts comme la poésie. Il avait la prétention d'être un maître en architecture. Nous savons par des témoignages formels que c'est lui-même qui donna les plans et les dessins pour la construction du château de Capoue. Il me paraît ressortir formellement de la première partie de l'inscription de la porte de son palais de Foggia qu'il avait fait de même pour cet édifice. Les termes remarquablement précis dont on s'y sert impliquent une telle conclusion : sic *Cesar fieri iussit opus istū, pɩoto(magister) Bartholomeus* sic *cōstruxit illud.* C'est tel qu'on le voit, tel que l'a construit Bartolomeo, que l'empereur avait ordonné de le faire; la répétition de l'adverbe *sic* est absolument significative et révèle l'emploi d'un modèle donné par Frédéric en personne. L'arc qui seul a été conservé de ce palais est donc un spécimen, et l'unique parvenu jusqu'à nous, qui fait connaître le style et la manière de l'empereur Frédéric II comme architecte. Ce morceau le classe à un rang distingué dans la liste assez peu nombreuse des souverains artistes par eux-mêmes.

Quant au maître d'œuvre qu'il a employé pour l'exécution de ses plans personnels, il était de Foggia et c'était un des plus renommés de la contrée. Bartolomeo da Foggia, qui travaillait pour Frédéric II en 1223, a eu pour fils le Nicolao qui en 1272 était l'auteur de l'ambon de Ravello. Riccardo da Foggia, l'un des architectes de Charles d'Anjou, paraît avoir encore appartenu à la même famille, peut-être avoir été fils de Nicolao.

Il ne reste plus rien du château fortifié du Pantano ou de San-Lorenzo, que Charles Ier d'Anjou se fit construire à Foggia en 1269 et 1270, et où il mourut en 1284. L'architecte en avait été Riccardo da Foggia, et celui de la chapelle Pietro di Bonolio, de Barletta. A ce château était attenant un parc où le roi faisait élever des daims et dans lequel il avait le pavillon de plaisance où l'un de ses actes nous fait voir un certain maître Pellegrinus exécutant des vitraux en 1273. C'était probablement un Français du nom de Pellegrin, car l'art du peintre verrier ne s'est jamais naturalisé chez les Italiens; il est toujours resté exclusivement français.

SIPONTO ET MANFREDONIA

Pour aller de Foggia à Manfredonia, on est condamné à une insupportable route de quatre heures de voiture à travers la steppe du Tavoliere, qui devient un véritable Sahara dans la saison où l'herbe des champs a été brûlée par le soleil de l'été et où les troupeaux sont encore à la montagne. Graduellement cependant on s'approche du Gargano, dont on commence à distinguer les belles forêts de hêtres et de chênes, faisant des taches d'un vert sombre sur les flancs de la montagne, et dont la plus haute cime, le Monte Calvo, s'élevant à plus de 1,500 mètres de hauteur, retient presque toujours autour d'elle une calotte de nuages. On se dirige, en effet, vers le point où ce massif isolé, à l'échine allongée d'ouest en est, se détache de la plaine et commence à plonger dans la mer son flanc méridional.

Encore dans la plaine, aux trois quarts du chemin, l'on rencontre l'ancien couvent de San-Leonardo, où Hermann von Salza établit en 1223 une commanderie de l'ordre teutonique, dotée de 20,000 florins d'or de revenu annuel. Les bâtiments conventuels sont transformés en métairie et dans un grand état de délabrement, mais l'église mérite une visite. Son portail surtout, que je n'ai vu jusqu'ici dessiné nulle part, est un beau type du style du milieu du xii° siècle dans ces contrées; l'abside est également un morceau remarquable d'architecture romane. Notons encore la superbe cuisine du couvent, qui rappelle par ses dispositions celle de l'abbaye de Fontevrault.

Quelques kilomètres encore, et l'on franchit la rivière du Candelaro, tout près de l'endroit où elle se jette dans la lagune appelée Pantano Salso, le *Lucus Pantanus* des anciens, qui reçoit aussi le Cervaro, dans l'antiquité Cerbalus, dont Pline fait à tort la frontière entre les Dauniens et les Peucétiens. A quelque distance de là, sur le bord de la lagune, auprès du goulet par lequel elle débouche dans la mer, une église de style byzantin, toute bâtie en matériaux antiques, est debout au milieu de la campagne solitaire. L'intérieur en a été reconstruit au commencement du xvi° siècle par le cardinal Antonio del Monte, archevêque de Siponto, et son neveu et successeur, le cardinal Giovani Maria del Monte, qui fut ensuite pape sous le nom de Jules III. Naturellement cette reconstruction l'a notablement défigurée, avec des restaurations encore plus récentes, bien qu'on y ait conservé l'ancien plan d'une manière assez fidèle et employé de nouveau les mêmes colonnes. De nombreux ex-votos s'y voient suspendus auprès d'une madone miraculeuse. Le pavé est composé en grande partie de pierres tombales intéressantes. Au-dessous règne une vaste crypte, une église inférieure, qui n'a pas été gâtée comme l'église supérieure, car on s'est borné à refaire les quatre gros piliers ronds de maçonnerie destinés à supporter la construction supérieure. Le plan se répète exactement le même en haut et en bas et est unique dans son genre. Il dessine trois carrés inscrits l'un dans l'autre, séparés par des colonnes de granit dans la crypte, de marbre dans l'église haute, supportant des arcades cintrées d'une forme svelte. L'autel est au centre, sous une petite coupole qui s'appuie sur quatre forts piliers placés aux angles du carré intérieur formant sanctuaire et entouré de deux collatéraux sur les quatre faces. C'est, on le voit, la disposition de certaines églises rondes à trois cercles concentriques, qui cette fois a été transformée en carré. L'église supérieure présente cependant en outre une petite abside du côté de l'est, et la crypte deux, à l'est et au sud.

L'extérieur n'a pas été touché dans les travaux de reconstruction du xvie siècle. Au dehors l'édifice dessine un cube, surmonté au centre d'un petit dôme fermé qui rappelle celui des *turbeh* musulmans et où l'influence arabe me paraît manifeste. Aux flancs des façades s'appliquent des demi-colonnes engagées, aux chapiteaux à feuillages d'un beau galbe et d'une exécution précieuse, supportant de riches arcatures dont le dessin rappelle de très près celles qui décorent les manuscrits byzantins; et dans la partie inférieure du champ qu'enferme chacune de ces arcatures se creusent des panneaux en losange remplis par les entrelacs géométriques en relief à la combinaison desquels se sont complu les décorateurs arabes. Le portail qui donne accès à l'église est d'une grande magnificence, avec son tympan garni d'un bas-relief et ses deux colonnes de marbre, reposant sur des lions couchés. Le monument est sans contredit un des plus remarquables spécimens de cette architecture, participant à la fois du byzantin et de l'arabe, qui régnait dans la Pouille avant que la conquête normande y eût introduit les influences françaises. Un semblable style, auquel se rattachent aussi la cathédrale de Canosa et le mausolée (je dirais volontiers le *turbeh*) de Bohémond, qui y est adjacent, ainsi que certaines parties de la cathédrale de Bari, ne s'est maintenu à côté des données architecturales nouvelles, directement importées de Normandie et tendant de jour en jour à la supplanter, que jusqu'aux premières années du xiie siècle. Aussi n'est-on pas surpris d'apprendre que l'église que je viens d'essayer de décrire fut consacrée en 1117 par le pape Pascal II, qui y vint de Bénévent, où il tenait alors un concile. Elle avait été certainement commencée, et les plans arrêtés dans le xie siècle.

Cette curieuse église, autour de laquelle on remarque quelques débris d'un temple antique, porte le nom de Santa-Maria-Maggiore di Siponto et a le titre de cathédrale. Elle marque l'emplacement de la ville antique de Sipontum (primitivement *Sipoeis*, *Sipus*), dont la légende grecque attribuait la fondation à Diomède. Prise par Alexandre le Molosse, roi d'Épire, en 330 avant Jésus-Christ, colonie de citoyens romains en 194, assiégée par Marc Antoine en 40, lors des guerres civiles, Sipontum est décrite par Paul Diacre, au viiie siècle de notre ère, comme étant encore de son temps *satis opulentum*. Cent cinquante ans plus tard, Constantin Porphyrogénète la mentionne parmi les villes de la partie de l'Italie dépendant de l'empire de Constantinople. Mais il semble qu'elle commençait dès lors à tomber en décadence. L'envasement progressif de la lagune du Pantano, accessible aux vaisseaux dans l'antiquité, tendait à rendre impraticable son port, jadis théâtre d'un mouvement fort actif, et développait les exhalaisons marécageuses qui engendrent la *mal' aria*, fléau de tout le district environnant. Cependant il s'y maintenait encore une certaine population, et le port continuait à être le seul qui desservît la Capitanate. C'est encore là qu'en 1177 le pape Alexandre III s'embarqua pour aller à Venise à l'entrevue où il devait se réconcilier avec Frédéric Barberousse ; et même, en 1252, bien que le tremblement de terre de 1223 eût renversé une grande partie de la ville, c'est à Siponto que débarqua Conrad IV de Hohenstaufen, quand il vint prendre possession de l'Italie méridionale. Après un nouveau et terrible tremblement de terre, survenu en 1255, c'est Manfred qui acheva de ruiner Siponto par la construction de la ville qui reçut son nom.

Des fouilles ont été faites il y a peu d'années sur l'emplacement de Sipontum et ont amené la découverte des fondements de l'ancien forum, avec une colonne portant une inscription latine, qui a été transportée au Musée National de Naples. Ce sont ces fouilles, d'une importance secondaire, qui, amplifiées démesurément dans les journaux, y ont donné naissance au récit fabuleux de la trouvaille d'un véritable Pompéi apulien.

Une lieue à peine sépare l'emplacement désert de Siponto de la petite ville gaie et tranquille de Manfredonia, coquettement située sur la mer, au milieu d'une végétation qui rappelle la Calabre ou la Sicile. En espalier au pied du Gargano, le canton environnant doit à son exposition vers le midi et à la façon dont la montagne le couvre contre les vents du nord, de jouir d'un climat exceptionnel. C'est en 1263 que Manfred décida la construction de cette nouvelle ville, pour l'emplacement de laquelle il consulta les astrologues et aussi les marins, car cet emplacement fut très bien choisi en vue de ce que voulait réaliser le fils de Frédéric II. La plaine au nord de l'Ofanto et le canton du Gargano étaient dépouvus de port, ceux de Siponto et de l'antique Salapia (aujourd'hui remplacée par le misérable village de Salpi) ne pouvant plus recevoir convenablement les navires. Il décida d'en créer un nouveau, qui servît en même temps à communiquer avec les possessions qu'il venait d'acquérir en Épire. Aucune position n'était plus favorable que celle où il bâtit Manfredonia, dans le fond du golfe que forme la saillie du Gargano, ayant devant soi une vaste rade, très bien abritée et d'une tenue parfaitement sûre. Manfred apporta à cette œuvre utile et bien conçue l'ardeur que l'on met d'ordinaire à une fantaisie. Deux années suffirent à avancer assez la construction de la nouvelle ville pour qu'en 1265 on pût y transporter l'évêque et les habitants de Siponto, auxquels on joignit des colons recrutés de droite et de gauche. C'est alors que disparut tout ce qui avait pu se conserver des ruines de la cité antique, exploitées comme carrière pour ces travaux où le transport des pierres, de la chaux et du sable employait, disent les chroniqueurs, « tous les bœufs de l'Apulie. »

Le plan de Manfredonia avait été conçu sur une très large échelle. Le roi prétendait faire de la cité à laquelle il donnait son nom le principal centre commercial de la Pouille et son chef-lieu administratif. Il y établit un hôtel des monnaies et il en donna la direction à deux Amalfitains, renommés pour leurs connaissances pratiques en cette matière, Mauro Pisonto et Nicolo Campanella. Il est probable que ces deux personnages avaient été antérieurement employés à la fabrication des espèces de Frédéric II, qui presque toutes ont été battues à Amalfi. Mais les travaux étaient loin d'être terminés quand Manfred mourut les armes à la main, en 1266. Charles Ier d'Anjou les fit continuer activement, et c'est lui qui acheva la construction de la ville, qu'il ordonna d'appeler Siponto-Novello, voulant effacer jusqu'au nom de l'héroïque vaincu de Bénévent. Mais la conscience populaire se refusa à cette injustice. Malgré les prescriptions et les efforts du farouche vainqueur, le nom de Manfredonia se maintint dans l'usage, et c'est celui que la ville a gardé jusqu'à nos jours.

Les écrivains contemporains vantent la splendeur de la cathédrale de Manfredonia, qui aurait reçu les reliques de saint Laurent, évêque de Siponto au ve siècle, et surtout son magnifique campanile, dans lequel était suspendue une cloche énorme, la plus grosse que l'on eût encore fondue en Italie, dont le son se faisait, raconte-t-on, entendre jusqu'à six milles à la ronde. Malheureusement, la cathédrale, le campanile et en général tous les édifices de Manfredonia ont disparu dans le désastre qui frappa cette ville en 1620, lorsque les Turcs y opérèrent une descente et la brûlèrent entièrement après l'avoir pillée.

Ce qui reste le plus intact des travaux de Manfred, c'est le môle de belle construction, maintenu de chaque côté par de hauts gradins formés de grands blocs de pierre, qui s'avance fièrement dans la mer avec une longueur de près de 200 mètres. C'est sans contredit l'œuvre d'ingénieur maritime la plus puissante et la mieux combinée qu'ait léguée le xiiie siècle. En tête de ce môle est le château fort, que Lautrec attaqua vainement dans sa dernière campagne. C'est une construction du règne de Charles d'Anjou, œuvre de son architecte maître Giordano di Monte-Sant'-Angelo.

Bien qu'en partie remanié et gâté par des appropriations postérieures, découronné de ses créneaux du moyen âge pour recevoir de l'artillerie sur ses plates-formes, il n'a pas subi de modifications trop profondes dans ses dispositions essentielles. C'est un haut et massif donjon carré, flanqué à ses angles de quatre grosses tours rondes, qu'enveloppe une enceinte extérieure reproduisant le même plan. Les remparts de la ville, garnis eux aussi de grosses tours rondes, subsistent en grande part et embrassent un espace que sont loin de remplir les huit mille âmes de la population actuelle. Avec cette enceinte, en partie vide, qui fait un vêtement trop large à la petite ville rebâtie au xviie siècle, Manfredonia est comme une sorte d'Aigues-Mortes de l'Adriatique. Notons, du reste, qu'on a reconstruit la nouvelle Manfredonia sur le plan de l'ancienne, avec les rues régulières se coupant à angles droits, et la disposition en échiquier que l'on observe constamment dans les villes créées de toutes pièces au xiiie siècle.

MONTE SANT' ANGELO

C'est sur la croupe la plus méridionale du Gargano qu'est située la ville de ce nom, environnant la fameuse grotte où l'on raconte que l'archange saint Michel apparut en 493 et ordonna à saint Laurent, évêque de Sipontum, d'établir son culte dans le sanctuaire naturel qu'il avait consacré lui-même. La légende de cette apparition est tout à fait fantastique. Un riche habitant de la ville, nommé Garganus, avait l'habitude d'envoyer ses troupeaux paître dans la montagne. Un jour, le plus beau de ses taureaux disparut. On le chercha longtemps par les bois et par les ravins, et finalement on le trouva couché à l'entrée d'une caverne. Furieux de la peine qu'il avait dû se donner, Garganus lance un javelot contre l'animal; mais l'arme revient à son point de départ et le blesse lui-même. Ce prodige est raconté à l'évêque Laurent, qui ordonne un jeûne de trois jours. Le troisième jour, qui était le 8 mai, le chef des milices célestes se manifesta sous une forme visible à l'évêque, et lui donna ordre de se rendre à la grotte qu'il s'était choisie et d'y inaugurer son culte. Laurent hésita quelque temps; il fallut pour le décider plusieurs apparitions nouvelles, et surtout une où l'Archange assura la victoire aux habitants chrétiens de Sipontum contre les païens de Naples (!) qui menaçaient leur ville. A la tête d'une procession l'évêque gravit la montagne, et s'enfonçant dans les forêts parvint jusqu'à la grotte. En y entrant, lui et les fidèles qui le suivaient la trouvèrent éclairée d'une lumière céleste; la main des anges en avait fait une chapelle, et un autel drapé de pourpre se dressait auprès de la paroi nue du fond. Laurent fit immédiatement construire une église en avant de la caverne, et avec le consentement du pape Gélase Ier, il la consacra le 29 septembre 493, au jour de la fête de saint Michel.

C'était la première fois que le culte de l'Archange prenait pied en Occident; mais en Orient, il avait une grande importance à Constantinople, depuis la fondation même de cette ville. Il y a donc quelque chose de digne de remarque dans le fait que l'évêque Laurent, fondateur du sanctuaire du Gargano, est donné comme un cousin de l'empereur Zénon, ce qui semble lui assigner une origine constantinopolitaine. C'est seulement en 590 qu'à Rome le pape saint Grégoire le Grand consacra à saint Michel le mausolée d'Hadrien, au sommet duquel on l'avait vu, dit-on, remettre son glaive au fourreau à la fin de la terrible peste qui avait désolé la cité. C'est aussi dans le vi[e] siècle que fut construite l'église de l'Archange à Ravenne, et la fondation de celle de San-Michele de Pavie est encore postérieure. Au commencement du viiie siècle, l'évêque Autbert d'Avranches en Neustrie, à la suite de plusieurs apparitions dont les circonstances légendaires ont une ressemblance singulière avec ce qu'on raconte de celles qu'avait vues Laurent de Sipontum, consacra au chef des légions des anges le mont Tombe, devenu notre célèbre couvent de Saint-Michel-au-Péril-de-la-Mer. La première église de cette localité fut bâtie, dit-on, sur le plan de celle du Gargano, et depuis lors des liens étroits existèrent entre les deux sanctuaires de la Normandie et de la Pouille.

Ce dernier était déjà depuis longtemps visité de nombreux pèlerins, et les richesses qu'ils y avaient accumulées attiraient, dès 657, Grimoald, duc de Bénévent, qui vint le piller avec ses Longobards encore païens. La vénération qui entourait le lieu ne l'empêcha pas d'être livré plusieurs fois à de semblables dévastations, et pendant les siècles qui suivirent, saint Michel défendit mal son sanctuaire italien, car il fut pillé à trois reprises, en 869 par les Arabes établis à Bari, en 926 par Michel, roi des Bulgares, et en 952 par une nouvelle horde de Sarrasins. Malgré ces catastrophes, le pèlerinage de Saint-Michel du Gargano fut un des plus fréquentés dans le premier moyen âge, et même après l'ouverture de l'ère des croisades. Parmi ses visiteurs les plus illustres on compta plusieurs papes, Léon IX, Urbain II, Pascal II, Alexandre III; trois empereurs : en 998 Othon III, qui trouva le sanctuaire encore complètement dépouillé par suite de la dernière expédition des musulmans; en 1022 Henri II, qui, d'après une légende, resta boiteux comme Jacob après avoir été touché par l'Archange à la cuisse; enfin, en 1137, Lothaire II, la grande comtesse Mathilde, saint Bernard, saint François d'Assise, saint Thomas d'Aquin et sainte Brigitte. On y venait des contrées les plus lointaines de l'Occident, particulièrement de la Normandie. C'est comme pèlerins que s'y étaient rendus en 1016 les premiers Normands dont Melo sollicita l'appui contre les Byzantins, ceux qui appelèrent bientôt leurs compatriotes à la conquête de l'Apulie. A la seconde descente des Normands dans le midi de l'Italie, vingt-cinq ans plus tard, ils se montrèrent très pressés d'enlever Monte-Sant'Angelo et son sanctuaire à l'archevêque de Bénévent, qui en avait la seigneurie. Dans le partage fait à Melfi en 1043, cette ville et toute la montagne du Gargano furent assignées à Rainulfe, comte d'Aversa.

Aujourd'hui le pèlerinage n'est plus fréquenté que par les populations de l'ancien royaume de Naples. Mais chaque année, à la fête qui a lieu le 8 mai, avant le départ des bergers de la plaine du Tavoliere et qu'accompagne une grande foire, des foules immenses, montant à 20 ou 25,000 personnes, s'y rendent de toutes les provinces voisines. C'en est assez, avec le pèlerinage journalier qui ne s'arrête pas, pour maintenir sur ce sommet, autour du sanctuaire vénéré, une ville d'environ 18,000 âmes, agglomérées dans des rues tortueuses et sombres, presque aussi sales que celles de Termoli, au pied d'un château à demi ruiné du xvi° siècle.

La route qui conduit de Manfredonia à Monte-Sant'Angelo traverse d'abord de riches plantations d'oliviers au bord de la mer. Puis, au bout d'une dizaine de kilomètres, commence la montée en lacets serpentant sur le flanc de la montagne. L'ascension est longue, mais on en oublie la durée en présence du merveilleux panorama qui se déploie devant les yeux et dont l'étendue devient plus grande à mesure qu'on s'élève. A l'est la mer étend à perte de vue sa nappe qui brille au soleil; à l'ouest, au delà de la plaine nue dont on embrasse l'ensemble d'un seul coup d'œil, le regard suit avec admiration les grandioses dentelures de la chaîne des Apennins, depuis le Matese jusque bien par delà l'endroit où le Vulture dresse son cône volcanique, éteint dès avant le commencement de l'histoire; au sud, droit devant soi, on voit, au delà du cours de l'Ofanto, la Pouille s'étendre entre la mer et les montagnes comme un immense et plantureux verger. On suit toute la ligne de la côte jusqu'à Bari : d'abord, de Manfredonia à l'embouchure de l'Ofanto, déserte et bordée de lagunes stagnantes; puis au delà parsemée de ces villes si rapprochées les unes des autres dont la série commence à Barletta, et qui dans le lointain apparaissent comme autant de taches d'un blanc éclatant entre l'azur de la mer et la verdure du continent.

Monte-Sant'Angelo, outre le sanctuaire de l'Archange, renferme plusieurs églises intéressantes. Santa-Maria Maggiore est un bel édifice du xiie siècle, du style habituel à cette époque dans la Capitanate, avec une certaine influence toscane dont nous aurons à reparler à propos de la cathédrale de Troja. Le baptistère en forme de rotonde attenant à l'église San-Pietro est de la même époque et compte parmi les bons morceaux d'architecture normande de ce temps. L'église elle-même renferme d'assez remarquables fresques du xive siècle, appartenant manifestement à l'école de Giotto. La porte de l'ancien couvent des Célestins est du xive siècle et du règne de Charles de Durazzo. Mais je ne m'arrêterai pas à ces différents édifices, car tout ici cède en intérêt à l'église principale.

Une cour fermée par une grille sur la rue y donne accès. A droite est un haut campanile octogone de style angevin, élevé en 1274 par Charles d'Anjou, qui manifestait la plus grande piété pour Saint Michel du Gargano, à la protection duquel il rapportait ses victoires de Bénévent et de Sgurgola. Les architectes en ont été Giordano di Monte-Sant'Angelo et son frère Marando. Au fond de la cour, sous un portique daté de 1295, se trouve l'entrée de l'escalier de cinquante-cinq marches taillées dans le roc qui descend à un petit atrium quadrangulaire, entouré de deux étages de galeries, en avant de la paroi de rochers où s'ouvre la grotte sainte. Une nef ogivale, placée transversalement à la direction de la caverne, la prolonge extérieurement et en fait une église assez vaste, dont le chœur, exhaussé de quatre marches, et l'autel sont placés dans la cavité naturelle de la montagne, où saint Michel passe pour s'être manifesté. Cette nef a été construite en 1273, par l'ordre de Charles d'Anjou. Il règne à l'intérieur une obscurité profonde et une grande humidité ; l'eau suinte constamment goutte à goutte avec un bruit monotone du haut de la voûte de rocher, et une source, aux eaux de laquelle on prête des vertus miraculeuses, jaillit à la gauche de l'autel. Le pavé de la nef et du chœur est de marbre blanc et rouge. Au fond de la profonde caverne, l'autel, surchargé de cierges que tient constamment allumés la piété des fidèles, resplendit au milieu des ténèbres. Les lumières se reflètent sur le métal des ex-voto suspendus à la paroi du fond, et la statue de l'Archange, qu'une tradition sans fondement attribue à Michel-Ange, s'enlevant en sombre sur ce champ d'or brillant, semble une apparition entourée d'une auréole éclatante. L'impression qui en résulte est des plus saisissantes.

C'est bien évidemment dans cette caverne qu'était, aux temps du paganisme, l'oracle de Calchas au mont Garganus, très vénéré des populations de l'Apulie. Strabon parle de cet oracle et dit que ceux qui venaient consulter le demi-dieu dans son antre devaient passer la nuit en plein air, à l'extérieur, couchés sur la peau du mouton noir qu'ils avaient sacrifié. Ici comme toujours le pèlerinage chrétien a succédé à un pèlerinage antérieur des païens, et l'apparition de l'Archange au v° siècle dans la période d'agonie de l'ancienne religion, eut pour objet de déraciner le culte qui depuis de longues générations s'attachait à ce lieu, en y substituant une consécration nouvelle. Il est à noter qu'un miroir étrusque à graffito, publié par Gerhard, nous offre, avec son nom inscrit près de lui, la figure de Calchas, non pas envisagé comme le devin de la guerre de Troie chanté dans l'épopée, mais comme le demi-dieu fatidique qu'allaient interroger au Garganus les populations italiques. Il tient à la main le foie de la victime immolée, où il lit l'avenir; barbu, la chevelure hérissée, son aspect est terrible; deux grandes ailes garnissent ses épaules. C'est tel qu'il devait être représenté dans la grotte où il avait son oracle; et il n'a pas fallu un grand changement pour en faire un saint Michel, ministre des colères divines.

Mais la merveille de la basilique de Monte Sant' Angelo, ce sont ses portes de bronze. Leurs deux vantaux sont divisés en vingt-quatre compartiments aux cadres saillants, dont chacun comprend un sujet figuré. Ces sujets, disposés d'une manière bizarre et tout à fait irrégulière par rapport à l'ordre et à la succession des faits qu'ils retracent, ont tous trait aux apparitions fameuses des archanges Michel et Raphaël. Dix-huit sont empruntés aux récits de l'Ancien et du Nouveau Testament; un montre l'ange déposant des couronnes célestes sur la tête de sainte Cécile et de son fiancé Valérien; un autre est puisé dans l'histoire de saint Martin de Tours; trois enfin représentent les principaux épisodes de l'apparition de saint Michel du Gargano et de l'établissement de son culte par l'évêque Laurent de Sipontum. Il n'y a en effet que vingt-trois sujets, tous accompagnés de longues inscriptions explicatives dans un latin barbare. Le septième panneau du vantail de droite, en commençant à les compter du haut, est rempli par une inscription en quinze lignes où le donateur, du nom de Pantaleone, s'adresse à ceux qui visiteront l'église. J'aime l'admiration naïve qu'il y exprime pour l'œuvre d'art dédiée par sa piété, la confiance avec laquelle il dit aux dévots qui viendront désormais dans le sanctuaire « de regarder d'abord un si beau travail, » sûr qu'alors ils voudront réciter en sa faveur la prière dont il leur donne la formule. Il y a là toute la simplicité d'un siècle de foi. Le bon Pantaleone tenait beaucoup à ses magnifiques portes ; dans une autre inscription, placée sur la plate-bande horizontale entre les quatre panneaux inférieurs du vantail de gauche, il recommande de les nettoyer chaque année comme il a montré à le faire, prescription qui depuis bien des siècles n'est plus observée.

Le travail des portes de l'église de Monte Sant' Angelo est curieux et d'une nature dont on n'a que peu d'exemples, tous dans l'Italie méridionale et presque tous exécutés à Constantinople. Les sujets, au lieu d'être en relief, sont incrustés à plat. Sur la face, exactement planée, de chacun des panneaux, l'artiste a creusé au burin un profond sillon qui dessine le contour des figures ; ceci fait, il a introduit dans le creux de sa gravure un fil d'argent, faisant ressortir le trait par cette incrustation. Les visages, les pieds et les mains sont formés par des plaques d'argent découpées où l'on a gravé les détails. Le dessin, malgré des défauts considérables, a du style; on y sent l'empreinte d'une grande tradition, pétrifiée par l'esprit hiératique et atteinte déjà de décadence, mais conservant des restes de son ancienne puissance et se rattachant directement par certains côtés à l'antique. Les visages et les corps sont démesurément allongés, les traits anguleux, la pose des figures raide et gauche ; mais les compositions sont claires, bien ordonnées et d'un accent grandiose dans leur naïveté. Elles rappellent étroitement les miniatures des manuscrits grecs des xe et xie siècles. En effet ces portes ont été exécutées « dans la ville royale de Constantinople » et par des mains grecques en 1076, ainsi que nous l'apprend l'inscription gravée sur le vantail de droite, dans l'intervalle entre les quatre panneaux d'en bas.

Je ne saurais comprendre comment Huillart-Bréholles a pu proposer d'identifier le Pantaleone qui a fait faire les portes de Monte Sant'Angelo avec le diacre byzantin Pantaléon, qui écrivit en grec un livre des miracles de saint Michel d'après les traditions de l'Église d'Orient. Il ne peut y avoir de commun entre ces deux homonymes de patries différentes que la même dévotion au chef des milices célestes. Le Pantaleone de la basilique apulienne appartenait à une des plus grandes familles du patriciat d'Amalfi, qui dans tout le cours du xi° siècle eut la spécialité d'offrir aux églises de l'Italie méridionale des portes de bronze, toutes de même style et de même travail, fabriquées à Constantinople où cette famille avait de puissantes relations de commerce. Le plus ancien personnage que l'on en connaisse est un nommé Maurone, l'un des comtes annuels ou consuls de la République amalfitaine au commencement du siècle. Son petit-fils, Pantaleone Ier, a inscrit son nom sur les portes de la cathédrale d'Amalfi, comme les ayant fait faire à ses frais. « L'abbé Didier du Mont-Cassin, dit la chronique de Leone de' Marsi, étant venu à Amalfi en 1062 pour y acheter des étoffes de soie dont il voulait faire présent à l'empereur d'Allemagne Henri IV, vit les portes de l'église épiscopale et fut si enchanté de la manière dont elles étaient travaillées qu'il envoya sur-le-champ à Constantinople la mesure des portes de l'église vieille, où il eut soin qu'on les fît parfaitement belles. » Ces portes de l'abbaye du Mont-Cassin subsistent encore, et l'inscription qu'elles portent nous apprend que ce ne fut pas l'abbé Didier qui en fit la dépense, comme on pourrait le croire d'après le chroniqueur, mais le noble Amalfitain Mauro, fils de Pantaleone. Leur date est 1066. Mauro, à son tour, eut pour fils un Pantaleone II, qui fut consul d'Amalfi. Celui-ci fit faire les grandes portes de la basilique de Saint-Paul-Hors-les-Murs à Rome, détruites en partie dans l'incendie de 1823, et sur lesquelles on lit, outre les inscriptions latines du donateur, la signature grecque du fondeur Staurakios, qui l'avait exécutée à Constantinople en 1070. C'est de ce Pantaleone II que naquit Pantaleone III, celui des portes de Monte Sant'Angelo, à la libéralité duquel l'église San-Salvatore d'Atrani, auprès d'Amalfi, doit aussi les siennes, terminées en 1087.

Ainsi dans tout le cours du xie siècle, même après l'établissement des Normands et la rupture des liens de soumission à l'empire byzantin, quand on voulait dans l'Italie méridionale donner à une église de belles portes de bronze, il fallait les demander à l'habileté technique des Grecs de Constantinople ; l'industrie indigène n'était pas encore capable d'un semblable travail. Même en 1099 c'est de la ville impériale que Landolfo Butromilo fit venir les portes de bronze, inférieures à celles dont nous venons de parler, qu'il dédia à la cathédrale de Salerne et qui en ferment encore l'entrée. Mais bientôt après, dans les premières années du xii° siècle, Canosa nous offre les belles portes de bronze du mausolée de Bohémond, exécutées par Roger d'Amalfi (un artiste au nom normand), portes où les sujets sont encore au trait incrusté d'argent à la mode byzantine, mais où les riches encadrements et les rosaces décoratives commencent à être modelés en relief. L'art du fondeur en bronze se naturalise en Italie et tend rapidement à y surpasser ses modèles constantinopolitains. On en suit le progrès avec Oderisi de Bénévent, qui a signé les portes de la cathédrale de Troja et auquel je n'hésite pas à attribuer celles de la cathédrale de sa ville natale, exécutées en 1150, malgré la tradition orale qui veut qu'elles aient été faites à Constantinople. Dès lors le système des sujets en bas-relief a remplacé celui des incrustations à plat. Cet art atteint enfin son point suprême de perfection pour l'Italie méridionale dans la seconde moitié du xii° siècle, quant fleurit Barisano de Trani, le grand maître à qui l'on doit les merveilleuses portes de bronze de la cathédrale de Trani (1160), de celle de Ravello près Amalfi (1179) et des entrées latérales de la cathédrale de Monreale en Sicile (celles du grand portail sont datées de 1186 et signées de Bonanno de Pise).

LUCERA

Quand on a visité la ville de Manfred et gravi le Gargano afin d'y voir le sanctuaire de l'Archange, il faut revenir à Foggia, en faisant de nouveau la même ennuyeuse route, pour se rendre à Lucera. On va en deux heures d'une ville à l'autre par un beau chemin carrossable, qui court en ligne droite dans la plaine nue sans que, pour ainsi dire, une seule habitation s'élève sur ses bords. Les cultures sont cependant plus multipliées sur ce trajet que sur celui de Manfredonia. A sa droite on a le Gargano, à sa gauche la chaîne de l'Apennin, précédée d'ondulations, sur la pointe d'une desquelles on distingue le groupe des maisons de Troja.

En faisant ce chemin, l'esprit se reporte à la description saisissante que le chroniqueur Nicolas de Jamsilla, compagnon du prince dans cette aventure, fait du voyage de Manfred après sa fuite d'Aversa, en novembre 1254, et de la façon dont le fils de Frédéric dut marcher de nuit, au milieu des ténèbres et de la tempête, pour gagner Lucera sans être aperçu des troupes pontificales postées à Troja et à Foggia, dans une plaine sans un arbre où le passage d'une petite troupe de cavaliers devait être vu d'une très grande distance et attirer aussitôt l'attention.

Lucera s'élève sur une colline d'un certain relief, escarpée sur les côtés du nord et de l'ouest, en pente douce vers l'est et le sud, qui se détache à un certaine distance en avant des derniers contreforts de l'Apennin et commande au loin la plaine environnante. Ainsi préparé par la nature, le site en a toujours constitué une position stratégique de premier ordre, et depuis les débuts de l'histoire chez les populations de l'Apulie, nous y voyons exister une ville fortifiée dont le rôle est capital. Les Grecs prétendaient que cette ville de Luceria avait été fondée par Diomède, revenu d'Ilion, comme Arpi, Sipontum, Canusium et, en général, toutes les cités de quelque importance dans la Daunie et même dans une portion de la Peucétie ;

à l'époque romaine on y montrait encore un vieux *xoanon* que les habitants prétendaient être le Palladium enlevé de Troie par le héros argien.

La fondation de Luceria dut être en réalité l'œuvre des Dauniens de race iapygo-messapienne, sur le territoire desquels elle était située. Le nom d'Apulie, qui s'étendait jusque-là, n'est autre que la forme italique de celui dont les Grecs ont fait de leur côté Iapygie. Mais tout, y compris l'appellation même de la cité, qui appartient aux idiomes proprement italiotes, semble indiquer que de très bonne heure l'élément osco-samnite se superposa à l'élément iapygien dans la population de cette ville, et y devint prépondérant.

Les faits précis de l'histoire de Luceria sont, d'ailleurs, ignorés jusqu'à la seconde guerre Samnite, où nous voyons ses habitants suivre le parti des Romains, de même que les autres Apuliens, puis refuser de s'associer à la défection de ceux-ci en 326 avant Jésus-Christ. Pour les châtier, les Samnites vinrent mettre le siège devant la ville, et c'est en marchant au secours de Luceria que l'armée romaine éprouva son grand désastre du défilé des Fourches Caudines. La chute de la forteresse apulienne en fut la conséquence immédiate, et les Samnites, vainqueurs, la choisirent comme la place de sûreté où ils enfermèrent les otages à eux remis en garantie du traité de Caudium, que le sénat refusait de reconnaître. Aussi Rome attacha-t-elle un prix extrême à enlever à ses ennemis Luceria, et, dès 320, Papirius Cursor investissait la ville, défendue par une garnison de sept mille Samnites, et finissait par l'emporter après une résistance acharnée. Il y reprit les otages et y fit un riche butin, car c'était alors la plus riche cité de l'Apulie. Six ans après, elle retombait aux mains des Samnites, mais ce ne fut que pour très peu de temps. Les Romains la reprirent bientôt de vive force, massacrèrent une partie de la population et installèrent à la place des anciens habitants une colonie militaire de droit latin. Ce fut dès lors le boulevard de la domination du peuple roi dans l'Apulie, où elle lui permettait de prendre le Samnium à revers. Aussi les Samnites tentèrent-ils, en 294, un effort désespéré pour recouvrer Luceria; mais le consul Atilius, accouru au secours de la ville, les écrasa dans une grande bataille.

Établie au milieu d'un canton de grande production agricole et pastorale, la colonie de Luceria eut autant d'importance comme centre de commerce que comme place forte. Nous en avons la preuve par le développement de son monnayage, qui débute à l'époque de sa fondation même alors que l'as était encore du poids d'une livre. Plus tard, lorsqu'un peu avant la seconde guerre Punique on essaya le système de la fabrication des deniers romains dans un certain nombre d'ateliers succursales répartis en Italie, Luceria fut le siège d'un de ces ateliers. Dans la guerre d'Hannibal, la conservation de la forteresse de Luceria par les Romains eut une importance décisive. Le grand capitaine carthaginois ne parvint jamais à s'en emparer et le fait d'avoir ainsi gardé une base inexpugnable d'opérations dans l'Apulie fut une des choses qui permirent le mieux à Rome de relever rapidement ses affaires après ses premiers désastres. Les colons de Luceria montrèrent d'ailleurs à ce moment une fidélité passionnée à la cause de la mère patrie. En 209, quand une partie des colonies latines, lasses de la prolongation indéfinie d'une guerre à laquelle on ne voyait point de terme, refusèrent à Rome de continuer à lui fournir leurs secours en hommes et en argent, il n'y en eut que dix-neuf qui se déclarèrent prêtes à soutenir encore la lutte jusqu'à entier épuisement, et Luceria fut du nombre.

L'histoire garde ensuite le silence sur les destinées de Luceria jusqu'au temps de Cicéron, qui dans son discours *pro Cluentio* en parle comme d'une des villes les plus florissantes de l'Italie. Dans la guerre civile contre César, Pompée en fit quelque temps son quartier-général avant de se replier sur Brundisium : Strabon cite Luceria comme déclinant à son époque. Pourtant elle retint une certaine prospérité pendant toute la durée de l'Empire. Auguste y avait envoyé une nouvelle colonie de vétérans, et les écrivains, aussi bien que les inscriptions, montrent qu'elle garda jusqu'au bout son rang colonial avec les privilèges qui y étaient attachés. Sur la Table de Peutinger elle est marquée comme le siège d'un *prætorium* provincial.

L'importance de Luceria survécut aux invasions barbares et aux ravages affreux des guerres gothiques. Paul Diacre la décrit comme étant une ville opulente sous la domination des Longobards, qui en firent le chef-lieu d'un de leurs castaldats. Mais en 663 l'empereur grec Constant II prit la ville sur ce peuple et la détruisit presque entièrement. Dès lors, et pendant six siècles, Lucera ne fut plus qu'une simple bourgade, où pourtant résidait toujours un évêque. C'est en cet état qu'elle se trouvait encore en 1223, lorsque Frédéric II, l'année même où il construisait son palais de Foggia, contraignit les musulmans de Sicile révoltés à demander l'*aman* et à se mettre à sa merci. Jugeant imprudent de les laisser dans le Val di Mazzara, où leurs traditions d'indépendance étaient trop vivantes et où il leur était toujours facile, en cas de rebellion, de recevoir des secours de leurs frères d'Afrique, ne voulant pas non plus priver ses États de cette vaillante et industrieuse population par une expulsion pareille à celle que l'Espagne commit plus tard la faute immense d'accomplir, il se décida à les dépayser en les transplantant sur le continent italien. La masse principale des Arabes siciliens fut donc par ses ordres transportée à Lucera, Girofalco et Acerenza. Lucera en fut la principale colonie, et pour la recevoir fit élever une vaste forteresse, où ils vécurent d'abord séparés de la population chrétienne de la ville.

Ainsi transplantés, ces Arabes, après une tentative de révolte en 1226, acceptèrent rapidement leur nouveau sort avec la facile résignation qui est le propre des musulmans, et même bientôt ils s'attachèrent avec un ardent dévouement au souverain qui leur avait conservé la vie sauve quand les habitudes et le droit de la guerre, dans les mœurs du temps, lui auraient permis de les exterminer. Astreints tous au service militaire, leurs milices furent pendant plus de vingt ans le nerf et le seul noyau permanent des armées de Frédéric II, et la forteresse qu'ils occupaient, achevée en 1227, le principal point d'appui de la domination des Hohenstaufen dans les provinces touchant à l'Adriatique. Quand la rupture entre l'Empereur et le Pape fut devenue ouverte et irrémédiable, la présence des musulmans à Lucera devint un des griefs dont le Souverain Pontife fit le plus retentir le monde chrétien contre Frédéric. Pourtant l'emploi d'une garde sarrasine auprès du souverain n'était pas autre chose qu'une tradition des princes normands. Ceux-ci, et Robert Guiscard tout le premier, avaient constamment employé les contingents des Arabes de Sicile, de l'aveu même de la Papauté, dans leurs guerres en Italie, et l'armée qui, au prix de l'incendie d'une partie de Rome, avait délivré Grégoire VII, se composait en majorité de musulmans, sans que ce pontife eût éprouvé le moindre scupule de voir des infidèles servir sous sa bannière. Depuis plus d'un siècle, la seule force militaire permanente des principautés franques fondées en Syrie par les croisés consistait dans les corps soldés de musulmans indigènes, désignés sous le nom de *turcoples*, et l'office de grand-turcoplier était la première charge militaire de la cour de Jérusalem.

Pour donner cependant une certaine satisfaction aux plaintes du Pape, Frédéric ouvrit librement l'accès des casernes de ses Sarrasins aux missionnaires franciscains et fit même bâtir dans la forteresse, à côté de leur mosquée, une église destinée à ceux qui voudraient se convertir. Mais il savait d'avance qu'il n'y en aurait aucun. Il persista à refuser aucun avantage au changement de religion, et, traitant à sa cour les musulmans sur un pied d'exacte égalité avec les chrétiens, son scepticisme, blessant pour les croyances de son époque, se plaisait à réunir à la même table des évêques et des capitaines arabes. Bientôt, du reste, à mesure que la lutte avec le Saint-Siège devint pour l'Empereur une question de vie ou de mort, il sentit davantage quel prix avaient pour lui les services de troupes sur qui les anathèmes ecclésiastiques n'avaient aucune action, dont le fanatisme religieux éprouvait, au contraire, une satisfaction sauvage à combattre contre le pontife catholique. En 1239, Frédéric, pour donner plus de cohésion à ses Sarrasins, les concentra tous à Lucera, faisant venir dans ce lieu ceux qui avaient habité jusqu'alors à Acerenza et à Girofalco, y amenant en grand nombre de nouvelles familles qui étaient restées encore en Sicile, et les renforçant enfin de bandes mercenaires qu'il faisait recruter en Afrique. La colonie musulmane de Lucera monta ainsi jusqu'à soixante mille âmes. Le château-fort ne pouvait plus lui suffire; on lui livra aussi la ville. Et l'Empereur ferma les yeux sur la façon cruelle dans les nouveaux colons musulmans molestèrent les rares habitants chrétiens qu'ils y trouvèrent, les forçant à déguerpir avec leur évêque et s'emparant de la cathédrale pour en faire une mosquée. C'est ainsi que l'antique *Luceria Apulorum* devint *Lucera Saracenorum*.

Désormais Frédéric pouvait en toute sécurité faire de Foggia sa résidence la plus habituelle. Entre la forteresse de ses Sarrasins, à une extrémité, et, à l'autre, Andria la Fidèle, dont la population montrait à sa cause un dévouement qui lui tenait tant au cœur,

Andria fidelis nostris affixa medullis,

la soumission de la plaine de la Capitanate et de

la Pouille était assurée. Il n'avait plus à craindre, de la part des citoyens des populeuses villes de cette contrée, toujours prêts aux changements et fort enclins à embrasser le parti du Pape, des défections comme celle qui avait été presque générale en 1229 à l'apparition de la croisade des *Claviyeri*. Mais Frédéric ne vint qu'à peu de reprises, et cela seulement pour des laps de temps fort courts, dans les dernières années de sa vie, habiter à Lucera même, au milieu de la colonie arabe, où il avait pourtant un logis royal et où il menait complètement, quand il y allait, la vie d'un monarque musulman, comme les rois normands de Sicile lui en avaient donné l'exemple. C'est son existence dans ces séjours qui lui avait fait donner par les Guelfes le surnom de « sultan de Lucera. » Il y avait des haras de chameaux, des équipages de chasse avec des guépards dressés à l'orientale ; enfin, ce qui est plus grave, un harem richement monté et gardé par des eunuques. Ici sa conduite, en opposition avec la loi chrétienne, prêtait largement le flanc aux invectives papales. Pour la juger avec une entière équité, il ne faut cependant pas oublier qu'avant lui les rois normands avaient eu patemment leur harem organisé à Palerme.

Après la mort de Frédéric II et de Conrad, quand Innocent IV tenta de s'emparer directement du royaume de Sicile, il voulut gagner les Sarrasins de Lucera. Oubliant tout ce qu'il avait écrit sur le scandale du séjour de ces infidèles en Italie, il offrit à leur émir, que les chroniqueurs du temps appellent Jean le Maure, de lui conserver la charge éminente de grand camérier du royaume et de lui conférer, en outre, des fiefs et des honneurs nouveaux en grand nombre. Le chef musulman accepta le marché, mais ses hommes ne voulurent pas le suivre dans sa trahison envers ses princes. Manfred accourut chercher un asile au milieu d'eux. Ce furent eux qui le proclamèrent les premiers et qui lui permirent de reconquérir le royaume. Pendant tout son règne, il n'eut pas de soldats plus fidèles, et quand la fortune le trahit définitivement, les Arabes de Lucera tombèrent par milliers à ses côtés sur le champ de bataille de Bénévent. En partant pour combattre Charles d'Anjou, Manfred avait confié sa femme, la belle Hélène d'Épire, et ses fils en bas âge au dévouement des Sarrasins et aux fortes murailles du château de Lucera. C'était un asile sûr, qui eût permis aux partisans des jeunes princes de se rallier et de continuer la lutte.

Mais leur mère, abandonnée de ses conseillers, perdit la tête et quitta Lucera pour se réfugier à Trani, d'où elle espérait faire voile vers l'Épire. Le châtelain de cette ville la vendit avec ses enfants à Charles, qui se déshonora par sa cruauté à leur égard. Plus malheureux que Conradin, on ne les jugea pas dignes de l'échafaud, et ils pourrirent de longues années dans des cachots infects. Le dernier survivant des fils de Manfred, Henri, mourut seulement en 1318, sous le règne de Robert, dans un souterrain du château de l'Œuf, à Naples, aveugle par suite de ses souffrances, après une captivité de cinquante-deux ans.

Manfred mort et sa famille disparue, les Sarrasins de Lucera se soumirent au conquérant, qui confirma leurs privilèges et leurs lois particulières. Mais, dès l'année suivante, à l'annonce de l'approche de Conradin, qui se préparait à franchir les Alpes, ils relevèrent sur leurs tours l'étendard de la maison de Souabe. Lucera devint alors le point de réunion des Gibelins dans le midi de la péninsule. Charles d'Anjou voulut essayer de réduire la place avant que son compétiteur fût descendu de la Haute-Italie. Mais après plusieurs mois d'assauts infructueux, il dut lever le siège pour se porter au-devant de Conradin. Quand il l'eut vaincu et mis à mort, il revint devant Lucera, en 1269. Les musulmans se défendirent avec acharnement, mais à la suite d'un long blocus la famine les contraignit enfin à capituler. Le 15 août, ils ouvrirent leurs portes et défilèrent devant le vainqueur irrité, qui les fit passer sous le joug. Mais Charles ne voulait point se passer des services de guerriers dont il avait pu apprécier toute la valeur. Il leur accorda donc la vie sauve et leur permit de continuer à habiter la ville. Seulement, il leur enleva leurs privilèges, le droit de se gouverner eux-mêmes dans l'intérieur de leur ville et d'avoir pour officiers de justice leurs cadis, jugeant toutes les affaires d'après la loi musulmane. Il les plaça sous l'autorité directe du justicier de la province et mit soixante lances en garnison dans le château pour les surveiller. En même temps il ordonna, en souvenir de sa victoire, de construire, à la place de la principale mosquée de la ville, sur le site de l'ancienne cathédrale, une grande église dédiée à la Vierge, donnant à la cité le nom officiel de *Lucera christianorum*.

Deux ans plus tard, en 1271, nouvelle révolte des Sarrasins, qui avaient ajouté foi à l'imposture d'un faux Conradin, et nouveau siège, à la suite duquel les principaux fauteurs du trouble furent cruellement punis. Le reste des colons arabes fut encore cette fois reçu à merci. Charles les garda dans ses armées et prodigua leur sang dans ses guerres en Albanie et en Sicile. Tant de vicissitudes et de malheurs avaient beaucoup diminué leur nombre. Une partie de la ville qu'ils habitaient restait déserte. Le monarque angevin en profita pour y installer, à côté d'eux, une colonie de Provençaux, amenés à ses frais, auxquels on donna les maisons inhabitées et les terres abandonnées. Il fit aussi augmenter les défenses du château, qui désormais tenait les musulmans en bride, au lieu de leur servir de casernement.

Cependant la Papauté ne cessait de réclamer des rois de Naples de faire disparaître du sol de la Pouille ce noyau d'infidèles, qui était, avait dit Innocent IV, « comme une épine enfoncée dans son œil. » Cédant enfin aux instances de Boniface VIII, Charles II, en 1300, se résolut à célébrer l'année du jubilé par un autodafé mémorable. En pleine paix, sans aucune provocation de la part du reste des Sarrasins, une armée fut dirigée sur Lucera, sous la conduite de Giovanni Pipino de Barletta, et en entreprit le siège. Sachant qu'ils n'avaient cette fois aucune grâce à attendre, les musulmans se défendirent en désespérés. A la fin, ils succombèrent sous le nombre ; la ville fut prise d'assaut, et les Sarrasins de tout âge et de tout sexe furent impitoyablement passés au fil de l'épée. On n'accorda la vie qu'à ceux, en bien petit nombre, qui consentirent à abjurer l'islamisme.

Après cette effroyable exécution, le roi Charles II repeupla la ville de nouveaux colons, auxquels on en répartit le territoire. La cathédrale fut dédiée solennellement en 1302. Le roi voulut même effacer le nom de Lucera et ordonna qu'on l'appelât Città di Santa-Maria. Mais cette nouvelle appellation officielle ne parvint pas à prévaloir contre l'usage et la tradition populaire.

La nouvelle Lucera, dotée par son fondateur de nombreux privilèges, est restée jusqu'à nos jours une ville assez florissante, qui compte quatorze mille habitants, possède un évêque et est le siège du tribunal de l'arrondissement de Foggia. Quant à la forteresse, elle fut presque immédiatement démantelée et abandonnée. Dès 1525, Leandro Alberti la trouvait en ruines.

Ce sont les restes de cette forteresse qui font

encore aujourd'hui le principal intérêt d'une visite à Lucera. L'enceinte, de 900 mètres de pourtour, en est remarquablement conservée et dresse à une grande hauteur ses murailles garnies de tours, découronnées seulement de leurs créneaux. Elle occupe l'extrémité occidentale de la colline, qui en est en même temps la partie culminante, à un quart d'heure de marche de la ville telle qu'elle est, ceinte des remparts dont la dota Charles II d'Anjou. C'est évidemment sur le même emplacement que s'élevait l'*arx* de la Luceria apulienne et romaine. La muraille suit exactement le bord des escarpements presque à pic de la colline, excepté sur la face de l'est, tournée vers la ville, où le terrain se continue de plain-pied et où un fossé large et profond, taillé dans le roc, précède le rempart. Treize tours carrées, bâties en brique et en pierre et reliées entre elles par d'épaisses courtines de la même construction, couronnent ainsi les pentes abruptes du nord, de l'ouest et du sud, avec deux tours plus grosses et plus hautes, en forme de polygones irréguliers, aux deux angles nord-ouest et sud-ouest, présentant un angle sur l'arête de la colline. Le côté de l'est, rectiligne, armé de sept tours en figures de bastions, faisant saillir en avant un angle obtus, se termine à ses deux extrémités par deux grosses tours rondes. C'est sur cette face, entre la seconde et la troisième tour à droite, qu'a été ménagée, dans un angle rentrant fort habilement disposé, l'entrée principale de la forteresse, entrée oblique et précédée d'un pont-levis. Un peu en arrière et commandant le débouché de cette porte, auprès de l'angle nord-est de l'enceinte et s'appuyant à la muraille de la face nord, dans laquelle était tout à côté une poterne, se dressait le donjon, énorme massif de forme exactement carrée.

Dans ce donjon, dit Nicolas de Jamsilla, on montrait l'appartement de Frédéric II, celui de Conrad IV, celui du marquis Odon et celui de Jean le Maure. C'est là, en effet, qu'était la demeure royale que Frédéric II avait fait décorer avec un grand luxe, et où, en 1241, tandis qu'il ravageait les environs de Rome, il envoyait deux statues de bronze antique enlevées au monastère de Grotta Ferrata. C'est là aussi que demeurait le châtelain ou émir des Arabes. Ce donjon, dont l'abbé de Saint-Non admirait le magnifique appareil, subsista en grande partie jusqu'à la fin du xviiie siècle, mais il fut alors démoli pour construire avec ses matériaux un palais pour les tribunaux dans Lucera. Ce n'est plus qu'un amas de ruines confuses, où l'on distingue seulement l'amorce des nervures qui couvraient quelques salles. Des voûtes effondrées dans sa partie inférieure permettent de reconnaître qu'il avait été élevé en portion sur des fondements antiques. On aperçoit au-dessous les restes de souterrains romains construits en grand appareil d'une belle époque, parfaitement caractérisé.

M. Amari a émis la conjecture que le château des Sarrasins de Lucera avait dû être édifié sous la direction d'ingénieurs arabes. Je crois cette opinion parfaitement juste. La forme des tours carrées et barlongues, leur faible saillie, leur rapprochement, la disposition en talus de la base des murailles sont autant de particularités caractéristiques des principes de fortification qui, des Byzantins, avaient passé aux Arabes, que les Templiers avaient adopté dans la construction de leurs châteaux de Terre-Sainte, mais qui, en 1223, ne s'étaient guère encore naturalisés en Occident. La disposition du terrain avait dispensé les ingénieurs qui fortifièrent Lucera d'établir ailleurs que sur le front est, devant le rempart, le vaste fossé et la muraille extérieure en avant de ce fossé, qui étaient aussi choses essentielles du système byzantino-arabe. Du reste, ce front, tel que nous le voyons dans son état actuel, avec ses tours d'une autre forme que celles du reste de l'enceinte, a été refait en 1271 par Charles d'Anjou après le siège où il avait dû être l'objectif de l'attaque. C'est ce qu'attestait une inscription que copia Leandro Alberti et qui a disparu depuis.

De nombreux édifices remplissaient l'enceinte de la forteresse au temps où elle était occupée par les Sarrasins ; il y avait des habitations, des casernes, des mosquées, et aussi l'église des Franciscains. Toutes ces constructions ont depuis longtemps disparu sans laisser de traces apparentes. La chemise fortifiée n'enveloppe plus qu'un terrain vide et désert.

Le sol y est partout jonché de débris de briques et de fragments de vases de formes diverses et d'une fabrication tout à fait spéciale, dont la terre plus ou moins rouge est recouverte d'un épais vernis plombifère. Ce vernis, appliqué à la manière arabe, et qui souvent, trait caractéristique, a coulé de manière à former de grosses gouttes vitrifiées en relief, est le plus habituellement vert, quelquefois avec des dessins noirs se détachant sur ce fond. Nous sommes ici en présence des vestiges d'une poterie exactement pareille aux fragments de fabrication arabe du ix⁰ et du x⁰ siècle recueillis par mon père en Égypte et conservés au musée céramique de la manufacture de Sèvres, à ceux qu'on a trouvés sur plusieurs points de la Syrie, entre autres dans l'ancien four à potier fouillé à Damas par M. Eugène Piot, ainsi qu'aux *bacini* incrustés à titre d'ornementation à la partie supérieure des murailles extérieures d'un certain nombre d'églises du nord et du centre de l'Italie construites du x⁰ au xiii⁰ siècle. Elle constitue une industrie d'origine évidemment orientale, qu'on ne saurait hésiter à considérer comme ayant été exercée sur les lieux dans le cours du xiii⁰ siècle, car la multitude des débris ne permet pas de douter que ce fut là la vaisselle d'usage journalier dans la colonie arabe de Lucera. J'ai déjà dit que cette colonie compta un moment jusqu'à 60,000 âmes avec les familles des guerriers. On sait par des documents formels qu'en même temps qu'elle fournissait un service militaire des plus actifs, elle s'adonnait avec succès à des industries de tradition orientale, dont les procédés avaient été apportés de

Sicile, comme le tissage de certaines étoffes et la fabrication des armes. A. de Longpérier a attribué avec beaucoup de vraisemblance à ses ateliers certaines pièces de dinanderie de cuivre à la façon arabe dont on peut prendre pour type une coupe conservée dans le trésor de la cathédrale de Faënza. Il faudra joindre maintenant à la liste de ces industries celle de la confection des poteries vernissées conformément aux anciens prototypes arabes.

Nous sommes conduits à désigner avec certitude la Sicile musulmane comme une étape du transport de la fabrication de ce genre de poteries entre l'Orient et la Pouille, où elle passa avec la transplantation des Arabes sous Frédéric II. Ceci est de nature à jeter un jour précieux sur l'origine des *bacini* employés dans la décoration des églises par les architectes italiens, surtout dans le xi® siècle. On les a d'abord regardés comme de provenance arabe ou persane, comme des trophées des expéditions maritimes des Pisans. Mais M. Drury-Fortnum, en les étudiant de plus près, a montré qu'il n'y en avait qu'un petit nombre qui fussent de fabrication proprement arabe, que la plupart sortaient d'ateliers plus voisins, qu'il plaçait sur un point encore indéterminé de l'Italie. Après la constatation que j'ai faite à Lucera, et que tout le monde peut y renouveler, c'est en Sicile qu'il faudra, je crois, chercher la situation de cet atelier, dont les produits devaient se répandre par le commerce sur le continent italien.

Les poteries à vernis vert ne sont pas les seules dont on recueille les débris au château de Lucera. D'autres fragments moins nombreux offrent des ornements d'une donnée fort simple, tracés en bleu et en rouge sur un fond blanc. Ici la décoration a été manifestement exécutée au moyen de l'application sur la terre d'un engobe revêtu d'un vernis incolore et translucide au moyen d'un *marzacotto* plombique. C'est le procédé que Passeri affirme avoir été mis en œuvre à Pesaro à partir des environs de l'an 1300. Naturalisé d'abord à Lucera par les colons arabes, il avait ainsi mis un peu plus d'un demi-siècle à se transmettre de proche en proche jusque dans les Marches. M. Barnabei a recueilli dans l'Abruzze, son pays natal, dans des sépultures qui ne peuvent pas descendre plus bas que la fin du xiiie siècle, des poteries exactement conformes aux deux classes de celles dont on recueille les tessons au château de Lucera. Il en fera bientôt l'objet d'une publication. Ces sépultures de l'Abruzze fournissent un chaînon géographiquement intermédiaire entre Lucera et Pesaro, et nous parvenons ainsi à suivre dans le temps et dans l'espace la marche de l'industrie des terres vernissées, originaire de l'Orient, établie d'abord en Sicile lors de la conquête arabe, transplantées dans le nord de la Pouille au xiiie siècle avec les derniers restes des musulmans siciliens, enfin se propageant de là en suivant le littoral de l'Adriatique jusqu'à Pesaro et aux villes voisines, où elle se développa surtout à partir du moment où l'anéantissement des Sarrasins de Lucera eut enlevé aux potiers des Marches leurs plus redoutables concurrents, ceux qui avaient été leurs maîtres.

Entre la forteresse et la ville elle-même s'étend une vaste esplanade entièrement découverte, où fait défaut toute construction du moyen âge. Ce terrain était compris dans la ville antique, et le sol y est jonché de fragments d'anciennes poteries où le travail de la charrue, retournant chaque année la terre, a fini par confondre pêle-mêle les reliques de tous les siècles de l'antiquité. La terre rouge arrétine à reliefs sigillés représente là le dernier siècle de la République romaine et les débuts de l'Empire; les poteries étrusco-campaniennes à reliefs et à glaçure noire une période antérieure, l'existence de la colonie romaine de Luceria des guerres Puniques aux premières guerres civiles; les tessons de vases peints à figures rouges de fabrication grecque l'âge où l'influence des cités helléniques voisines avait pénétré l'Apulie et y régnait en maîtresse, du milieu du v° siècle avant notre ère au milieu du III°. Ce qui est plus intéressant, c'est qu'on y rencontre en abondance des débris céramiques d'un âge antérieur, qui nous reportent aux temps où la Luceria primitive était encore aux mains des indigènes apuliens. Ce sont les fragments d'une poterie noirâtre sans vernis, colorée uniformément dans la masse de la pâte et sans couverte, simplement lustrée au polissoir, telle qu'on la rencontre aux origines de la civilisation dans toutes les parties de l'Italie. La présence de cet ancien *bucchero* italique n'avait pas été jusqu'ici signalée en Apulie. J'en ai observé des fragments sur tous les emplacements de villes antiques que j'ai examinés dans cette contrée, comme aussi dans la Lucanie et dans le Bruttium. La fabrication s'en est donc étendue à une certaine époque, avant le triomphe des influences grecques, sur la totalité de la Péninsule, sans différences bien sensibles de contrée à contrée.

Au moment où je visitais Lucera on venait de mettre à découvert, dans le terrain qui s'étend ainsi entre le château et la ville, un égout romain de belle construction, voûté en briques, dont on pouvait parcourir le trajet sur une certaine étendue. Un homme y cheminait sans peine en se courbant.

Dans la ville de Lucera le seul monument important est la cathédrale, magnifique église à trois nefs du plus pur style ogival français du xiiie siècle. C'est un des édifices religieux les plus remarquables de l'époque médiévale dans le midi de l'Italie. Pour quiconque l'étudie avec une connaissance quelque peu approfondie des monuments du même art en France, deux conclusions s'imposent à l'esprit. Cette cathédrale, bien que consacrée seulement en 1302, n'a pu être commencée en 1300 par Charles II, comme on l'imprime ordinairement. Giustiniani affirme avoir lu dans les *Regesta* de Charles Ier qu'il donna l'ordre de la construire dès 1269; on a constaté cette assertion, que je ne suis pas en mesure de vérifier. Mais, dans tous les cas, c'est bien de cette époque qu'est l'architecture du monument, et l'on ne saurait en faire commencer les travaux plus tard que 1274, date de l'établissement des colons provençaux dans la ville. Si donc le Pape Benoît XI, dans une lettre célèbre du 16 novembre 1303, félicite Charles II d'avoir élevé la grande église de Lucera, c'est seulement pour l'avoir achevée, dédiée et richement dotée.

D'autre part, l'architecte de cette église a été Français, et même, suivant toutes les probabilités, natif de l'Ile-de-France, dont il a transporté l'art sans modification dans la Pouille. Sur un seul point il s'est écarté de ce que l'on faisait dans la France, en se rendant bien compte des conditions particulières qu'imposait un phénomène naturel très fréquent dans le pays où il avait à construire. Il a compris que dans un pays sujet aux tremblements de terre les voûtes aiguës en arêtes, telles qu'on les faisait sur notre sol, cette merveille d'équilibre obtenue par un savant calcul de la poussée des matériaux, se disloqueraient à la première secousse et par leur dislocation, si elles ne s'écroulaient pas immédiatement, compromettraient toute la solidité de l'édifice. Il y a donc renoncé et les a remplacées par une simple charpente apparente, que son élacticité devait mettre en mesure de résister victorieusement aux effets de l'ébranlement du sol. Je ne serais pas étonné que cet habile architecte sorti de notre pays ait été maître Pierre d'Angicourt, que Charles avait amené de France avec lui, auquel il avait donné la surintendance de la plupart de ses constructions, et à qui l'on attribue d'ordinaire certaines églises d'une architecture toute française, bâties par les ordres de ce prince, comme la cathédrale de San-Gennaro à Naples. Il est positif qu'en 1278 Pierre d'Angicourt vint en Pouille, chargé d'inspecter les châteaux de Brindisi, Bari, *Lucera*, etc., mission pendant le cours de laquelle il recevait les appointements de trois taris d'or par jour. En 1280 il reconstruisait le château de Barletta et y exécutait une magnifique chapelle avec des vitraux. Quoiqu'il en soit de cette conjecture, si la cathédrale de Lucera est éminemment française de plan et d'architecture, ce sont des tailleurs de pierre indigènes qu'on a employés à en exécuter la décoration. La chose est surtout manifeste au portail principal. Les feuillages finement refouillés d'un beau et ferme dessin qui garnissent l'archivolte de son arc en tiers point ont la plus étroite parenté avec ceux de l'archivolte de l'arc en plein cintre du palais de Frédéric II à Foggia. Je crois même y reconnaître la main de maître Nicolao da Foggia, en comparant cet ouvrage avec ses travaux signés de Ravello. Les quatorze magnifiques colonnes de marbre vert antique, que l'architecte a distribuées dans diverses parties de son œuvre, devaient garnir la nef de la cathédrale plus ancienne, celle dont les Sarrasins avaient fait une mosquée.

Le gouvernement italien a entrepris dans ces dernières années une restauration complète de la cathédrale de Lucera, travail très bien conduit et aujourd'hui près d'être terminé. En grattant le badigeon qui revêtait l'intérieur de l'église, on a mis au jour sur plusieurs points d'intéressantes fresques du xiv° siècle, entre autres une Vierge avec l'Enfant Jésus, d'une grande beauté de dessin et d'un sentiment tout à fait giottesque. Mais il n'y a à tirer de ces fresques aucun argument en faveur des théories de M. Salazaro sur le développement précoce de la peinture dans le royaume de Naples. Les princes angevins devaient tout naturellement, par suite de leurs rapports avec Florence, appeler des peintres de cette ville à décorer les édifices qu'ils construisaient. C'est ainsi que l'on voit déjà Charles Ier lui-même faire venir de Florence le grand architecte Arnolfo di Lapo et l'employer à Rome. Au moment où fut terminée la cathédrale de Lucera, Giotto, qui a travaillé à Naples, était dans le plein épanouissement de son talent et de son influence; et c'est à son école que se rattachent directement les fresques retrouvées dans cette église bien plus qu'à ce que l'on connaît du style de l'école latine contemporaine des peintres de la Pouille et du comté de Lecce. Déjà nous avons observé dans une des églises de Monte Sant'Angelo d'autres fresques dues également à des disciples de Giotto.

La cathédrale de Lucera montre encore une statue de marbre que l'on prétend être celle du roi Charles II d'Anjou. Elle est aujourd'hui dressée contre le mur à l'intérieur, à gauche de la porte d'entrée principale, debout sur un piédestal de pierre, où une inscription en lettres modernes lui applique le nom du prince angevin. Mais cette attribution, d'après laquelle M. Gregorovius, dans un ouvrage tout récent, traçait un portrait de Charles II, ne supporte pas un seul instant l'examen pour un archéologue. La statue, qui date du courant du xive siècle, n'a jamais été l'effigie ni de Charles II, ni d'aucun roi. C'est celle qui était couchée sur la tombe d'un simple chevalier. Il est revêtu de son armure, avec la tête, aux traits juvéniles, nue et reposant sur un oreiller; ses mains sont jointes sur sa poitrine et ses pieds s'appuient sur deux chiens.

La grande croix d'argent doré, que Robert, comme vicaire du royaume, avait fait exécuter en 1309 pour la cathédrale de Lucera par son orfèvre français Guillaume Verdelay, a disparu depuis longtemps, ainsi que le ciborium du maître autel, sculpté par Giovanni da Nola. On ne voit plus dans cette église que le tombeau de deux frères, Giulio et Ascanio Mozzagrugno, daté de 1605, avec deux très beaux bustes et un remarquable bas-relief de la Vierge. On ignore quel en a été le sculpteur ; mais c'était un homme d'un vrai mérite, préservé en partie du mauvais goût de son époque par des traditions du bon temps de la Renaissance, qui ne devaient guère se conserver que dans le fond des provinces, à l'abri du courant de la mode du jour. En fait de tableaux l'église possède une Assomption de Marco da Siena, un Crucifiement de Lorenzo Giustiniano et une Vierge entre saint Nicolas et saint Jean-Baptiste, signée de Girolamo Santa-Croce et datée de 1555.

Le voyageur qui disposera de quelques moments encore après la visite de la cathédrale pourra jeter un coup d'œil à l'église de San-Francesco. C'est un petit édifice dont la façade carrée avec un portail ogival et au-dessus une rose, le tout de la première moitié du xive siècle, rappelle de très près San-Stefano de Barletta. La table de l'autel, du xiiie siècle, provient de la chapelle de Castel-Fiorentino. Le tableau de saint François est de Solimena.

On conserve dans une des salles du Municipe de Lucera une statue antique découverte il y a peu d'années. C'est un marbre des plus médiocres de la période impériale romaine, une répétition lourde et sans intérêt du type si indéfiniment multiplié de la Vénus pudique. Dans une salle du rez-de-chaussée du même édifice est la bibliothèque publique, fort pauvre, qui renferme une collection d'antiquités, encastrées dans le mur sous l'appui des fenêtres. A côté d'inscriptions latines déjà connues et publiées j'y ai remarqué un certain nombre d'antéfixes de terre cuite, imitées de modèles grecs encore empreints d'archaïsme, mais d'une exécution toute particulière et fort barbare. Ce sont des échantillons sans autres analogues jusqu'ici d'un art indigène, apulien ou samnite, influencé par le voisinage des Hellènes, mais marqué au sceau d'une grande imperfection.

Du haut des murs du château de Lucera on aperçoit à une vingtaine de kilomètres de distance au nord, toujours dans la plaine, San-Severo, ville de plus de 17,000 âmes enrichie par l'agriculture et aujourd'hui dans un état de prospérité toujours croissante, malgré les ravages extraordinaires qu'y fit le choléra en 1865. C'était encore au xiie siècle un simple village dépendant de l'abbaye bénédictine de Terramaggiore. Dans le siècle suivant les moines y avaient fait construire un château fort, que Frédéric II assiégea et prit en 1230. C'est sous Charles d'Anjou que San-Severo passa au domaine royal, ainsi que l'abbaye de Terramaggiore elle-même, qui avait d'abord relevé féodalement des comtes de Lesina. Sous ce nouveau régime la ville grandit et se développa rapidement. A la fin du xvie siècle elle était devenue assez importante pour que le Pape Grégoire XIII y ait établi un évêché en 1580. Dans le même siècle les vices-rois espagnols en vendirent la seigneurie et elle tomba sous le régime baronal. En 1587 San-Severo fut érigé en principauté pour Giovanni Francesco di Sangro, et depuis lors le titre en est resté dans sa famille. C'est de cette ville qu'était natif Alessandro Minuziano, fameux typographe de Milan, dont la belle édition de Cicéron en quatre volumes in-folio, imprimée en 1495-1499, est un incunable renommé.

En 1799 San-Severo fut, comme Andria et Trani dans la province de Bari, le point où se retranchèrent les Bourboniens pour résister à la nouvelle république que venaient d'établir les Français. Le général Duhesme vint l'attaquer avec une division de l'armée de Championnet et les volontaires napolitains que commandait Ettore Caraffa, comte de Ruvo. Car ce chef de la grande maison des Caraffa, si illustre dans l'histoire, qui fut au xviie siècle la première du Napolitain, avait embrassé avec ardeur la cause républicaine comme une grande partie de la haute noblesse du royaume. La résistance et l'attaque eurent l'acharnement propre aux guerres civiles. On se battit sans quartier, et la ville ne finit par être prise qu'après que Caraffa y eut fait, de même qu'à Andria, mettre le feu pour déloger des maisons leurs défenseurs. En fait de férocité, il pouvait rivaliser avec le cardinal Ruffo, qui fut son adversaire et le chassa de la Pouille (1); mais

---

1. A l'attaque d'Andria le général Broussier, commandant les Français, hésitait sur les moyens à employer en présence de la résistance furieuse et meurtrière de la ville. « Brûlez-la,

c'était un homme d'une incomparable vaillance et sa mort fut très belle. Poursuivi par les bandes infiniment supérieures de l'armée de la Sainte-Foi, il s'enferma dans Pescara, et la famine le contraignit d'y capituler. La convention, régulièrement signée, portait qu'il pourrait se retirer librement avec ses soldats. Au mépris de la parole donnée, le cardinal Ruffo le fit arrêter et enfermer dans la prison du Château-Neuf de Naples. Là les juges-bourreaux de la reine Caroline, après la rentrée de la cour, le condamnèrent à être décapité. Montant d'un pas ferme et d'un air serein les marches de l'échafaud, il réclama et obtint d'être couché sur le dos sur la planche de la guillotine, le visage tourné vers le couteau : « Moi, noble et descendant des preux, dit-il, quand je meurs pour la liberté de ma patrie, je veux voir en face l'instrument du supplice devant lequel tremblent les lâches. »

A mi-chemin entre Lucera et San-Severo sont les ruines insignifiantes de Castel-Fiorentino, le château de plaisance où Frédéric II mourut, le 13

---

dit Ettore Caraffa ; j'en suis le propriétaire, c'est ma fortune patrimoniale ; je la sacrifie à la République. » Et pour donner l'exemple, en montant à l'assaut en tête de la colonne, il mit le premier le feu à une des maisons.

décembre 1250. Découragé par les échecs que sa cause avait subis en Allemagne et dans le nord de l'Italie, et surtout par la nouvelle de la captivité de son fils Enzio, affaibli par la maladie, sentant fléchir l'énergie indomptable qui jusqu'alors l'avait soutenu dans les plus grandes épreuves, entrevoyant partout autour de lui la trahison prête à se manifester au jour, il voulait s'enfermer dans la forteresse de Lucera, au milieu de ses fidèles Sarrasins. En arrivant à Castel-Fiorentino, son état devint tel qu'il dut s'y arrêter. Le nom du lieu, en lui rappelant une prédiction de ses astrologues, excita chez lui de sinistres pressentiments. « Vous mourrez, lui avait-on dit, près de la porte de fer, dans un lieu dont le nom sera formé du mot fleur. » Comme dans la chambre royale le lit masquait une ancienne ouverture depuis longtemps condamnée et qui pouvait donner accès dans une tour voisine, il la fit percer et elle se trouva garnie d'une porte de fer. « Mon Dieu, dit alors Frédéric, si je dois ici vous rendre mon âme, que votre volonté s'accomplisse ! » Puis, avec un calme parfait, il appela près de lui Berardo, archevêque de Palerme, qui depuis trente ans, malgré les anathèmes pontificaux, lui gardait une fidélité à toute épreuve ; Berthold, marquis de Hohenburg, le chef des troupes allemandes et son parent; Riccardo di Montenegro, grand justicier du royaume; le Calabrais Pietro Ruffo, qu'il avait élevé d'un rang obscur à la dignité de maréchal; enfin Giovanni da Procida, son ami et son médecin, le même qui devait être plus tard l'âme de la conjuration des Vêpres Siciliennes. En leur présence, il dicta son testament au notaire Nicolao da Bari.

Ceci se passait le 10 décembre; trois jours après, le souverain qui depuis trente ans remplissait le monde du bruit de son nom expirait dans la nuit, assisté par l'archevêque de Palerme, qui lui donna les sacrements. Une obscurité profonde plane, du reste, sur les détails de ses derniers moments. Les passions, au sujet de la querelle entre l'Empire et la Papauté, étaient arrivées sous Frédéric II à un tel degré de violence, le mensonge et la calomnie étaient si bien passés à l'état d'habitude dans les deux camps qu'il est impossible d'accorder une foi implicite aux récits des écrivains contemporains sur aucune des circonstances décisives de sa vie. Chacun invente, sans scrupule, suivant l'intérêt de son parti, ce qui peut glorifier ou noircir la mémoire de l'Empereur, et la moindre préoccupation des chroniqueurs guelfes ou gibelins est le respect de la vérité. Suivant les Gibelins, après avoir professé pendant sa vie une philosophie sceptique, Frédéric fit la mort d'un chrétien repentant, revêtu, comme c'était alors l'usage, d'un froc de moine, pleurant ses péchés et édifiant tous les assistants. Les Guelfes le représentent, au contraire, se tordant sur son lit dans des convulsions de rage, dévoré par le poison, sans pénitence et refusant les sacrements, menaçant l'Église et grinçant les dents. Si l'on est en droit de penser que les premiers ont forcé les choses dans le sens qui leur paraissait à l'honneur de leur héros, les termes mêmes du testament de Frédéric démentent la fureur d'impiété que les seconds lui attribuent à son dernier moment. Mais où la calomnie des pamphlétaires guelfes devient véritablement atroce et dépasse tellement la mesure qu'elle trahit elle-même son mensonge, c'est quand elle prétend que Frédéric II fut étouffé sous son oreiller par son fils Manfred, désireux de s'approprier l'argent du trésor et de s'ouvrir le chemin du trône. Aucun historien sérieux ne s'est arrêté à cette abominable accusation, que dément son absurdité même autant que le noble caractère de Manfred, bien plus droit et plus loyal que son père, pour qui d'ailleurs un parricide eût eu, dans les circonstances où il se serait produit, les conséquences les plus funestes à ses intérêts. Elle n'a été avancée qu'après la mort tragique de Manfred, quand il ne suffisait plus aux haines de parti d'avoir déterré son cadavre hors de la fosse où les soldats de Charles d'Anjou l'avaient déposé sur le champ de bataille de Bénévent, pour le livrer en pâture aux corbeaux, mais que ces haines implacables voulaient encore attacher l'infamie à son souvenir.

TROJA

Cette ville est bâtie sur une des premières terrasses qui précèdent la chaîne de l'Apennin, au débouché des passages des montagnes et commandant une partie de la plaine, dans une position stratégique fort avantageuse. La même distance, un peu plus de deux heures de route, la sépare de Foggia et de Lucera; on peut donc s'y rendre indifféremment de l'une ou de l'autre. On peut même, en partant d'assez bonne heure de Foggia pour se ménager une forte journée — et ce serait pour le touriste la meilleure manière d'organiser l'excursion — aller le matin de Foggia à Lucera, y déjeuner après avoir visité la cathédrale et le château, puis de là gagner Troja, y faire un nouvel arrêt et rentrer le soir à Foggia, où la couchée est plus facile. Avec une bonne voiture la tournée n'a rien d'excessif.

Je ne chercherai à décrire aucune des deux routes. Tant qu'on est dans la Capitanate, c'est toujours la même nudité monotone.

L'ancienne ville apulienne qui s'élevait à cet endroit s'appelait Æcæ. C'est là que le dictateur Fabius Maximus vint établir son camp afin de surveiller et de tenir en échec Hannibal, qui, après sa victoire du lac Trasimène, s'était porté rapidement sur l'Apulie, où il pouvait rentrer en communication avec la flotte carthaginoise, en recevoir des ravitaillements et des renforts. L'année suivante (216), à la suite de la bataille de Cannes, Æcæ fut du nombre des cités apuliennes qui abandonnèrent le parti des Romains pour embrasser celui des vainqueurs. Mais dès 214, immédiatement après la défaite de Hannon à Bénévent par le proconsul Sempronius Gracchus, Fabius, alors consul, vint mettre le siège devant cette cité et la reprit. A dater de ce moment, il n'en est plus fait mention dans l'histoire, mais les Itinéraires du iv° siècle attestent qu'elle subsistait toujours à la fin de l'Empire.

Æcæ fut détruite pendant la période des invasions barbares; on ignore à quelle date précise.

Ce qui est seulement certain, c'est que l'emplacement en était désert et ne présentait plus que des ruines quand Basilios Boyoannis, le seul grand homme que les empereurs grecs aient su charger du gouvernement de leurs possessions italiennes, fut envoyé comme catapan à Bari, en 1018, avec la mission de s'opposer aux progrès de Melo et de ses Normands. Avant d'engager la lutte, et tandis que ses adversaires s'attardaient dans les délices des villes qu'ils avaient déjà conquises au lieu de s'occuper à forcer promptement la ligne de l'Ofanto, Boyoannis mûrit longuement ses préparatifs. Il eut le temps de rassembler une nombreuse armée, celle qui vainquit à Cannes et dont la prinpale force consistait dans des légions de mercenaires Varanges ou Varègues, c'est-à-dire Northmans venus directement de la Scandinavie par la voie de la Russie. Les ennemis, cantonnés dans la plaine de la Capitanate, commirent aussi la faute insigne de le laisser paisiblement s'assurer la possession de l'Apennin et de ses défilés. Pour lui, la chose était capitale, car il isolait ainsi les Longobards insurgés de la Pouille et leurs auxiliaires normands des principautés longobardes de Bénévent et de Capoue.

C'est alors que Boyoannis construisit sur l'emplacement de l'ancienne Æcæ une nouvelle ville, que, par une réminiscence homérique et sans doute à cause des récits poétiques qui faisaient venir en Italie les principaux fugitifs d'entre les Troyens, il nomma Troja. La ville fut fortifiée puissamment; on en fit le siège d'un évêché et on y établit des colons grecs amenés d'Orient. Mais ne se fiant pas complètement aux vertus militaires de ses compatriotes pour la défense d'une forteresse dont il voulait faire la clef du pays, le catapan eut l'heureuse idée d'y appeler, en les prenant à sa solde, un groupe de chevaliers normands qui étaient venus depuis quelques années en Italie, indépendamment de ceux avec qui Melo était entré en rapports, et qui s'étaient mis au service du comte d'Ariano, à l'est de Bénévent. Boyoannis leur donna des maisons dans sa nouvelle ville, où ils vinrent se fixer au commencement de 1019, et des terres alentour, pour former un établissement définitif, et ces Normands de Troja, au lieu de faire cause commune avec leurs compatriotes, demeurèrent d'une fidélité parfaite à l'empereur sous la bannière duquel ils étaient venus se ranger.

Les événements montrèrent bientôt à quel

degré Boyoannis avait été bien inspiré en fondant Troja et en confiant, malgré les réclamations des populations voisines qui craignaient leurs pilleries, au bras aguerri des Normands la garde de ce boulevard de la domination grecque de la Pouille. Battus à Cannes, Melo, le patriote longobard, et Raoul de Toëni, le capitaine normand, avaient quitté l'Italie et s'étaient rendus en Allemagne, à Bamberg, pour demander à l'empereur Henri II de descendre dans l'Italie méridionale pour en chasser les Byzantins et la rattacher à sa couronne. Tandis que Melo, à peine arrivé à Bamberg, y mourait, la nouvelle de la défection des princes de Capoue et de Salerne et de l'abbé du Mont-Cassin, qui après la victoire de Boyoannis s'étaient hâtés de faire leur soumission aux empereurs d'Orient, Basile II et Constantin IV, ainsi que celle de l'arrivée des troupes byzantines jusque sur le Garigliano, décidèrent Henri II à passer les Alpes. Il le fit à la fin de 1021, et parvenue dans l'Ombrie il partagea son armée en deux corps. L'un, commandé par Piligrim, archevêque de Cologne, traversa Rome et alla châtier Capoue et le Mont-Cassin. L'autre avait pour général Poppo, patriarche d'Aquilée. L'Empereur le conduisit lui-même dans la Pouille par les Abruzzes; Raóul de Toëni l'accompagnait, lui servant de guide et de conseiller.

Les troupes allemandes vinrent mettre le siège devant Troja, que les Normands avaient reçu mission de défendre à outrance tandis que le catapan se fortifiait en arrière sur la ligne de l'Ofanto, où il avait déjà brisé l'effort de Melo. Grâce à l'énergie de la garnison, le siège traîna en longueur. Le corps d'armée de Piligrim, après avoir soumis Capoue et chargé de fers son prince Pandulfe, vint rejoindre le gros des forces impériales sous Troja; mais malgré ce renfort on ne parvenait pas à prendre la ville. On arriva jusqu'au cœur de l'été de 1022 sans obtenir de résultat. Les chaleurs développèrent parmi les troupes allemandes une dyssenterie violente, qui fit bientôt de grands ravages. Les Normands de Troja comprirent que le moment psychologique était venu et que l'empereur d'Allemagne ne demandait qu'un prétexte honorable pour opérer sa retraite. Par une des ruses qui leur étaient familières, ils firent sortir tous les enfants de la ville, qui, précédés d'un moine portant la croix, se rendirent processionnellement à la tente de l'Empereur en chantant *Kyrie eleison* et en implorant merci. Des négociations s'entamèrent pour la reddition de Troja. Henri II, pressé de partir, se contenta d'une soumission nominale et n'obtint même pas le droit d'entrer dans la ville. Aussitôt que l'honneur de ses armes fut sauf par l'apparence d'une capitulation de ses adversaires, il leva son camp et reprit la route de l'Allemagne. Raoul de Toëni, désespérant de voir recommencer l'entreprise, retourna en Normandie, où le duc Richard le reçut honorablement. De ses compagnons il ne resta en Italie que vingt-quatre chevaliers, sous la conduite de Toustain le Bègue, Gautier de Canisy et Hugon Falloch, qui s'installèrent dans le château impérial de Comino, près de Sora. L'invasion allemande dans le midi de l'Italie avait complètement échoué grâce à la vaillance des Normands de Troja. Aussi Boyoannis les combla-t-il d'éloges et de récompenses. On possède le diplôme qu'il rendit à cette occasion, en janvier 1024.

C'est en 1059 que Robert Guiscard s'empara pour la première fois de Troja. Comme le territoire de la ville avait fait partie de la principauté de Bénévent, le Pape la réclamait en tant que possession directe du Saint-Siège. Dans les arrangements conclus au concile de Melfi, Nicolas II consentit à la remettre en fief au duc normand de la Pouille, en s'en réservant la souveraineté supérieure. Mais les habitants ne se plièrent pas volontiers à cet arrangement, et Robert dut faire une seconde fois le siège de Troja, en 1060, avant de s'en rendre définitivement maître. Il y fit alors construire un puissant château pour la tenir en bride, et cette forteresse même n'empêcha pas une révolte de la ville en 1082. Confirmant ce qui avait été établi par Boyoannis, le pape Alexandre II avait soumis Foggia à l'évêché de Troja.

La ville, détruite en partie par un incendie accidentel en 1097 et aussitôt rebâtie, était au plus haut point de sa prospérité quand le duc Guillaume mourut en 1127. Les habitants virent dans cette circonstance une occasion d'acquérir la plénitude de l'indépendance municipale, et pour y arriver embrassèrent le parti du Pape, en refusant de se soumettre à Roger de Sicile. « L'année que le duc Guillaume mourut à Salerne, dit l'inscription gravée cette année même sur une des portes de bronze de la cathédrale, le peuple de Troja, pour assurer sa liberté, a rasé la forteresse et muni la ville de murs et de fossés. » Et dans la même inscription l'évêque

Guillaume se pare du titre de « libérateur de la patrie. » Au mois de septembre de cette année 1127, le pape Honorius II tint à Troja son synode où Roger fut excommunié. C'était le troisième qui se rassemblait dans cette ville. Elle en avait déjà vu un présidé par Urbain II en 1093 et un de Pascal II en 1115. Les espérances de liberté républicaine sous le protectorat du Saint-Siège, que les habitants avaient conçues, ne devaient pas être de longue durée, car dès l'année suivante Roger, avec une nombreuse armée, mettait le siège devant Troja. Pour fléchir ce vainqueur irrité, les habitants eurent recours au même moyen qu'avec l'empereur Henri II. Ils sortirent processionnellement en chemise, pieds nus, tenant des cierges d'amende honorable, précédés du clergé et des reliques des saints, et vinrent se prosterner devant Roger. Celui-ci leur fit grâce, mais exigea des otages et des garanties de soumission effective.

En 1137, c'est l'empereur Lothaire II qui, dans sa guerre contre le roi Roger, vint avec le Pape Innocent II assiéger Troja et, après l'avoir prise, la traita fort durement. Mais au bout de quelques mois Roger la recouvra. Cette ville, toujours disposée à se tourner du côté du parti papal, fut en 1229 une des premières dans la Pouille à se révolter contre Frédéric II absent, à l'arrivée de l'armée des *Clavigeri*. L'empereur l'en punit en faisant raser ses murs en 1233, de manière à la laisser ouverte et à empêcher ainsi ses adversaires de s'en faire une autre fois une place d'armes. A la mort de l'empereur Conrad, quand Innocent IV prétendit se rendre maître du royaume sicilien et y implanter son gouvernement direct, c'est à Troja que le cardinal Ottaviano de Sainte-Cécile, envoyé par lui dans la Pouille, s'établit avec le gros de son armée, tandis que des détachements allaient dans les différentes villes faire reconnaître le nouveau régime. C'est là qu'il était quand Manfred, se dérobant à ses patrouilles par une marche de nuit, vint, ainsi que je l'ai raconté tout à l'heure, faire appel à la fidélité des Sarrazins de Lucera et bientôt obtint dans tout le voisinage des succès tels que le camp papal de Troja fut saisi de panique et se dispersa sans combattre.

Les Angevins, dont les habitants de Troja, comme amis du Saint-Siège et ennemis de la maison de Souabe, s'étaient montrés dès le début les chauds partisans, relevèrent les fortifications de la ville et lui rendirent son importance militaire.

Aussi, dans le xv⁰ siècle, lui voyons-nous jouer un certain rôle dans les guerres des rois Alfonse et Ferdinand I⁰ʳ d'Aragon. Jeanne II, en 1417, en avait donné la seigneurie à son connétable, le condottiere Giacomuzzo Attendolo Sforza. Aussi la place de Troja constitua-t-elle le principal point d'appui des partisans des Sforza dans leur résistance à l'établissement de la royauté d'Alfonse. C'est sous ses murs que fut livrée la sanglante bataille, prolongée pendant plusieurs jours, où ce prince les vainquit définitivement. Ferdinand I⁰ʳ termina également par la prise de Troja sa lutte contre les prétentions de Jean d'Anjou, son compétiteur. Après un siège vigoureux, la ville se rendit, et tandis que l'évêque négociait les conditions de la soumission, Jean d'Anjou parvint à s'échapper nuitamment avec le célèbre condottiere Piccinino. Giovanni Francesco Ruffo, prince de Rossano, tomba au contraire comme prisonnier entre les mains du vindicatif monarque. A dater de cette époque, Troja, successivement possédée comme fief par différentes grandes familles du royaume napolitain, est allée toujours en déclinant. C'est à peine si elle compte actuellement plus de 5,000 habitants.

C'est à ce qu'elle a conservé de monuments religieux du moyen âge que la ville doit tout son intérêt, qui est considérable.

San-Basilio est la plus ancienne de ses églises. Elle date de la fondation même de Troja au commencement du xi° siècle, et en a été la première cathédrale. C'est un édifice de petite dimension, singulièrement simple et même d'une grande nudité, sans aucune ornementation extérieure. Le plan dessine une croix latine avec une petite abside au fond du chœur et une coupole à la byzantine au-dessus de l'intersection des transepts. La nef principale est accompagnée de deux bas-côtés en ambulacres, étroits et assez bas pour qu'au-dessus d'eux un étage de fenêtres soit percé dans les murs latéraux du vaisseau principal. Une simple fenêtre cintrée s'ouvre dans le pignon de la nef centrale à la façade, dépourvue de toute sculpture. Au-dessous est la porte, surmontée d'un arc outrepassé à la façon arabe. Le même arc se trouve au-dessus de la porte placée au côté gauche de l'église et dont le linteau est formé d'un fragment d'architrave antique. A l'intérieur l'arc triomphal qui termine la nef du milieu, avant la coupole, est en plein cintre, ceux des deux nefs latérales sont ogives. Des voûtes d'arêtes, postérieures au reste de la construction, couvrent la nef principale.

A l'entrée du chœur est une belle chaire à prêcher de calcaire compact, portée sur quatre colonnes aux chapiteaux anciennement peints et dorés, dont le travail rappelle plutôt le faire des artistes de Bénévent au xii° siècle que de ceux de la Pouille à la même époque. Il n'a pas la finesse habituelle des œuvres de ces derniers. Une inscription le date de 1169, sous le règne de Guillaume le Bon.

San-Basilio mérite une visite du voyageur archéologue, mais cette église ne suffirait pas à elle seule à l'attirer à Troja. Il en est autrement de la cathédrale, dédiée à Santa-Maria Assunta. Celle-ci est incontestablement le plus bel édifice d'architecture religieuse de la Capitanate. Elle nous offre le type le plus parfait du style propre à cette province, style dont nous avons vu les commencements à la cathédrale de Siponto et un stage un peu postérieur à celle de Termoli, tandis qu'à la cathédrale de Foggia il touche à la transition vers un nouveau style. A Troja il est juste au point de son plus complet développement, il bat son plein, et nous pouvons ainsi placer le moment de la suprême perfection de cette architecture de la Capitanate, distincte de celle de la Pouille proprement dite, à la date où fut bâtie cette cathédrale, à la fin du premier quart du xii° siècle.

En 1030 le pape Jean XIX avait accordé au siège épiscopal de Troja le privilège, qu'il a conservé depuis lors, de ne dépendre d'aucun archevêché et de relever directement du Souverain-Pontife. En même temps il avait gratifié cette église de précieuses reliques des Quarante Martyrs, ainsi que des saints Sergius, Bacchus et Sébastien. Depuis ce temps les évêques de Troja nourrissaient le projet d'élever une nouvelle cathédrale, digne du rang qu'avait acquis leur siège. Ce ne fut cependant qu'en 1093 que l'évêque Gérard en commença les travaux. Il n'eut pas, du reste, le temps de les pousser bien avant, et ils semblent être restés interrompus sous ses deux premiers successeurs, Hubert du Mans et Guillaume Ier.

Le véritable constructeur de la cathédrale de Troja fut l'évêque Guillaume Bigot, d'origine normande, qui l'éleva en partie sur ses revenus personnels, en partie grâce aux libéralités de Guillaume, duc de Pouille. C'était un maître homme que ce Guillaume Bigot, un évêque militant et guerrier comme on en voyait souvent à cette époque du moyen âge. En 1115 la chronique de Troja le montre se mettant à la tête d'une petite armée pour aller châtier dans les environs de Bénévent Guillaume d'Altavilla, qui rançonnait les pèlerins se rendant en Terre-Sainte, prenant son château et le brûlant. En 1127 il fut l'âme de la tentative de sa ville épiscopale pour se constituer en république sous la suzeraineté du Pape. C'était aussi un ami des lettres, et la Chronique de Troja, sous la date de 1114, parle de la bibliothèque qu'il avait annexée à sa cathédrale, des beaux et précieux livres qu'il y avait rassemblés. Enfin l'on n'attache pas son nom à l'érection d'un édifice aussi remarquable que celui dont il a doté sa ville épiscopale sans être artiste soi-même. En 1105 le Pape Pascal II lui avait donné pour son église les corps entiers de saint Pontien, pape, de saint Éleuthère, évêque et de saint Anastase, confesseur. La translation de ces insignes reliques de Rome à Troja avait été un véritable événement dans la Pouille; elle avait attiré un grand concours de clercs de tout rang, ainsi que de simples fidèles, et la population entière de la ville était venue en procession pour les recevoir à plusieurs milles de distance. La cathédrale de Guillaume Bigot était déjà fort avancée en 1120 quand le pape Caliste II vint à Troja et y fut reçu par le duc Guillaume. On sait en effet, par des témoignages positifs, que le Souverain Pontife officia alors dans l'église neuve. Cependant la Chronique de la ville dit que le chœur ne fut construit qu'en 1122.

Le plan de la cathédrale de Troja est celui d'une basilique à trois nefs avec une seule abside et en avant du chœur un transept fortement en saillie de chaque côté. L'intérieur en est peu remarquable et surtout a été fort gâté par des travaux modernes. Il y a particulièrement sur la nef centrale et sur le transept un plafond plat, infiniment trop bas, peint en 1831 par un barbouilleur du cru, qui est de l'effet le plus disgracieux. Cependant il faut noter douze hautes et fort belles colonnes de granit garnissant la nef principale, qui ont été empruntées aux ruines de quelque édifice antique d'Æcæ. Ces colonnes ont des bases et des chapiteaux de marbre. Quelques-uns des chapiteaux sont antiques, d'ordre corinthien ; il faut peut-être y reconnaître ceux qu'en 1073, après la prise de Palerme, Robert Guiscard envoya comme trophées à l'église de Troja.

Les autres sont du xii° siècle, de travail italo-normand, avec des rangs de feuillages, imités du corinthien, auxquels se mêlent des figures d'animaux et aux angles des têtes de lion soutenant le tailloir.

C'est l'extérieur qui est le côté vraiment triomphant de la cathédrale de Troja et qui en fait un monument de premier ordre. Tout autour règne une série d'arcatures engagées et richement décorées, dont les arceaux ne sont pas semi-circulaires, mais surhaussés au-dessus des pilastres qui les soutiennent. Dans l'intérieur de chacun de ces arceaux, là où ne s'ouvre pas une fenêtre, est placé un panneau en losange, en hexagone ou en cercle, encadré d'une moulure ferme et précise et couvert de sculptures ornementales en bas-relief. Là et dans les chapiteaux des pilastres, l'ornementation est toujours d'un goût pur, la composition à la fois riche et claire. Des figures d'animaux s'y combinent avec des végétaux décoratifs ; on y voit aussi des motifs directement empruntés aux modèles antiques, tels que les figures humaines dont le corps se termine par le bas en enroulement de feuillages. Les motifs de ce genre ne contribuent pas médiocrement à donner à l'ensemble un certain cachet qui annonce déjà la Renaissance, et qui, à cette époque, est plus marqué dans l'art décoratif de la Pouille que dans celui d'aucune autre partie de l'Italie. Un second étage d'arcatures pareilles, où des fenêtres sont percées de deux en deux, s'applique aux murs latéraux de la partie supérieure de la nef centrale, au-dessus du toit en pente des deux bas-côtés. Une riche polychromie, résultant du contraste savamment calculé de matériaux de couleurs diverses, un tuf gris-jaune et un tuf vert, tous les deux fournis par le sol de la localité, complète l'effet de cette ornementation extérieure.

La façade est surtout d'un aspect saisissant. Au-dessus des arcatures de la partie inférieure, au milieu desquelles s'ouvre une porte magnifique et toute garnie de sculptures, une corniche d'une saillie puissante et d'un profil nerveux, portée par des modillons sculptés et revêtue d'une profusion d'ornements, continue celle qui, sur les faces latérales, soutient l'extrémité de la pente du toit des bas-côtés. Elle divise la façade en deux registres superposés. Celui d'en haut se termine au sommet par le pignon de la grande nef, et au milieu, dans l'axe de celle-ci et juste au-dessus de la porte d'entrée, on y voit, sous un grand arc en plein cintre, à l'archivolte entièrement sculptée, une large et magnifique rose. Elle est formée par des colonnes romanes rayonnant autour d'un centre commun et supportant des arcs cintrés qui s'entrecroisent et forment des ogives par leur intersection. La sculpture ornementale qui couvre toutes les parties de cette façade est d'une finesse d'exécution et d'une richesse d'invention qui égalent ce qu'on voit aux grandes églises de Trani et de Bari. Ce que l'architecte y a dépensé de goût original, d'habileté de dessin, de souplesse et de fécondité d'imagination est vraiment merveilleux.

Le parti général d'architecture de l'extérieur de la cathédrale de Troja, et aussi beaucoup des détails de l'œuvre, ne se rattachent pas seulement à d'autres églises de la Capitanate; ils rappellent aussi d'assez près ce qu'on voit dans certains édifices religieux élevés également par les rois normands au xiie siècle, mais en Sicile, à la cathédrale de Taormina et à celle de Monreale. Surtout il y a une ressemblance et une parenté d'art évidentes, qui s'imposent à l'esprit dès le premier aspect, entre l'architecture de la cathédrale de Troja et celle qui, dans le xie et le xiie siècle, régnait en maîtresse dans le nord de la Toscane, avec le style de ce roman, différent de celui de l'école proprement florentine (1), dont les foyers sont à Pise et à Lucques, mais que l'on voit s'étendre aussi à Voltera, à Pistoja, à Prato, et même, mais en s'y altérant déjà fortement, jusqu'à Arezzo, dans l'église Santa-Maria della Pieve. L'affinité est surtout frappante avec la cathédrale de Pise dans le plan, le système de polychromie, la forme des arcatures, le dessin des chapiteaux et la disposition des socles de leurs pilastres, enfin les compartiments ornementaux qu'elles enferment.

Ce n'est pas qu'avec Schulz je puisse admettre que tout ceci a été importé directement de la Toscane dans la Capitanate. Les arcatures qui sont ici d'un dessin si caractéristique procèdent de l'art byzantin ; nous les voyons pareilles dans tous les manuscrits grecs enluminés du xe et du xie siècle. Pise et les villes de la Pouille ne se les sont pas pas empruntées réciproquement, mais en ont puisé parallèlement les données à la source constantinopolitaine, avec laquelle elles entretenaient des rapports également étroits, Pise par son commerce,

---

1. Les types les plus parfaits de celui-ci peuvent être pris à la Badia de Fiesole et à la cathédrale d'Empoli.

la Pouille par sa condition de sujette. Ce principe architectural, avec les panneaux placés dans les arcatures, nous l'avons vu se manifester déjà, vers la fin du xi° siècle, dans la décoration extérieure de la cathédrale de Siponto, avec tous les caractères d'une influence gréco-arabe exclusive. Un peu plus tard, à la cathédrale de Termoli, il nous est apparu modifié dans une certaine mesure par une influence française et spécialement bourguignonne. Dans la forme définitive qu'il reçoit à Troja, c'est une influence incontestablement pisane qui s'est exercée sur son développement. En particulier, c'est Pise qui a donné le principe nouveau de la polychromie, jusqu'alors inconnu dans la Capitanate. La cathédrale de Pise a été commencée en 1063 et était déjà très avancée en 1089 ; les travaux de celle de Troja n'ont été inaugurés qu'en 1093 et poussés activement qu'après 1105. La priorité de la cité de la Toscane sur celle de la Pouille est donc ici impossible à révoquer en doute. Du reste, cette influence pisane, que nous avons entrevue déjà dans une des églises de Monte Sant'Angelo et qui est si manifeste dans la cathédrale de Troja, n'a rien qui doive nous surprendre. Pise, par son actif commerce maritime, entretenaît des relations considérables et étroites avec la Pouille. Dans les villes maritimes de Trani et de Bari, les Pisans étaient assez nombreux pour avoir leurs rues spéciales. Il existait même des colonies de leurs marchands dans les villes de l'intérieur. Ainsi l'on signale à Bovino, éloigné de Troja de quelques lieues seulement, un Palazzo dei Pisani. Il y a une vingtaine d'années, on avait cru découvrir une preuve de l'influence de l'art de la Pouille sur celui de la Toscane au xiii° siècle, dans ce fait que le père du grand Nicolas de Pise, artiste lui-même, est appelé *Magister Petrus de Apulia*. On en concluait que c'était de l'Italie méridionale que Nicolas, instruit par son père, avait apporté les principes de la rénovation de la sculpture. Il est bien établi aujourd'hui que maître Pietro était en réalité Toscan, natif de l'une des deux localités du nom d'Apulia qui existaient dans les environs de Pise et d'Arezzo. Et le fait que nous constatons d'une manière certaine dans une partie des églises de la Capitanate est exactement inverse de celui qu'un moment on avait pensé pouvoir admettre, puisque c'est une influence considérable exercée dans le xi° et le xii° siècle par l'art de Pise sur celui d'une portion de la Pouille.

Je n'ai pas encore parlé des portes de bronze de la cathédrale de Troja. Cette église en possède à deux de ses entrées, et elles ne sont pas une de ses moindres curiosités. Il y a d'abord celle de la façade qui ont été exécutées en 1119 et données par l'évêque Guillaume Bigot, d'après la longue inscription dédicatoire qu'elles portent sur leurs panneaux du bas. Elles ont été faites par maître Oderisi de Bénévent, qui s'est représenté sur un des panneaux, tenant ses instruments de sculpteur, debout devant Berardo, comte de Sangro, qui devait être un des bienfaiteurs de l'église; dans un autre il a figuré l'évêque donateur avec son nom. Comme les portes du Mausolée de Bohémond à Canosa, exécutées quelques années auparavant par Ruggiero d'Amalfi, on y remarque l'association d'ornements en relief d'un grand style, empreint d'influences à la fois arabes et byzantines, entre autres de magnifiques mufles de lion tenant dans leur gueule les anneaux qui servent à tirer ces portes, et de panneaux incrustés à plat à la façon constantinopolitaine comme ceux des portes de Monte Sant'Angelo et d'Amalfi. Sauf pour la figure du Christ, représentée sur un des panneaux et dont l'incrustation est d'argent, dans toutes les autres elle a été faite d'un alliage rouge de cuivre, dont la couleur tranche avec le vert sombre du champ. Oderisi y suit fidèlement le style et le système de composition des modèles grecs qu'il imite ; mais il en exagère encore les défauts. L'allongement démesuré des figures, la petitesse de leurs têtes, la gaucherie de leurs poses, le caractère anguleux de leurs mouvements arrivent à un tel degré qu'en se combinant avec des draperies aussi envolées que celles des artistes du xvii° siècle, ils produisent un ensemble de l'aspect le plus étrange.

Malheureusement ces portes curieuses ont été profondément remaniées au xvi° et au xvii° siècle par deux restaurations successives, dues l'une, en 1573, au cardinal Scipione Rebiba, archevêque de Pise, et à son neveu Prospero Rebiba, évêque de Troja et patriarche de Constantinople *in partibus* ; l'autre, en 1691, à Antonio di Sangro, évêque de la ville. Un certain nombre des anciens panneaux incrustés ont été enlevés alors pour en mettre à la place quatre autres, portant les armes des trois prélats et quatre avec les figures de saints protecteurs en bas-relief, exécutés dans un style fort banal de la fin du xvi° siècle par le sculpteur Cola Donato Mascella.

Les portes de l'entrée latérale de l'église sont restées plus intactes. Elles sont datées de 1127 par une longue inscription qui relate la tentative d'indépendance de la ville à la mort du duc Guillaume et couvre une partie des panneaux. C'est encore un don de l'évêque Guillaume Bigot et une œuvre d'Oderisi de Bénévent, qui les a signées. On remarque, du reste, ici un notable progrès dans la manière de l'artiste. Il a perfectionné son style, et les défauts si saillants que je signalais dans ses figures incrustées de l'autre porte se sont fort atténués par une plus longue pratique. Dix panneaux sont encore ici décorés de sujets en incrustations à plat à la manière byzantine. Ils retracent la série des neuf évêques de Troja depuis le premier, Oriano, jusqu'à Guillaume Bigot, tous accompagnés de leur nom et de l'indication de leur rang dans la série, la tête nimbée et coiffée d'une mitre à deux cornes. Le donateur Guillaume a près de lui une tour, symbolisant son église, et il est dans l'attitude de la prière devant saint Pierre et saint Paul, représentés à côté, dans le dixième panneau.

LA VALLÉE DE L'OFANTO

D'ici à trois ans au plus on se rendra en chemin de fer de Foggia à Melfi. Actuellement on ne peut faire ainsi qu'une partie du trajet, environ 40 kilomètres. La ligne se dirige à travers la plaine dans la direction du sud, vers les montagnes, en s'éloignant graduellement de celle qui conduit à Bénévent, puis à Naples. On passe d'abord, à 18 kilomètres de Foggia, au pied de la colline peu accusée qui porte le petit village d'Ordona et à côté les ruines de l'antique Herdonea. C'était une ancienne ville des Apuliens, qui joue un rôle dans l'histoire de la deuxième guerre Punique comme ayant été le théâtre de deux défaites successives des Romains par Hannibal. La première fois, en 212 avant J.-C., il y battit le préteur Cn. Fulvius Flaccus; la seconde fois, en 210, le proconsul Cn. Fulvius Centomalus. A la suite de cette seconde victoire, se défiant de la fidélité des habitants d'Herdonea à son parti, qu'ils avaient embrassé après la bataille de Cannes, le général carthaginois la rasa et en transporta de force tous les citoyens, partie à Métaponte et partie à Thurioi. Après la fin de la guerre, huit ans plus tard, les Romains en ramenèrent les survivants dans leurs anciens foyers. Mais la ville rebâtie ne regagna jamais son importance passée. Elle resta depuis lors une localité secondaire. Pourtant sous l'Empire elle jouissait de la qualité de municipe, et elle reprit quelque vie quand Trajan eut créé la grande voie qui porta son nom, de Bénévent à Brundisium par Equus Tuticus (Castel Franco) et Canusium (Canosa). Herdonea était, en effet, traversée par cette voie, qui devint la principale route par où l'on allait s'embarquer pour l'Orient ; elle est une des stations que les Itinéraires indiquent sur son parcours. Les restes assez nombreux, mais très informes, d'édifices que l'on observe encore sur son emplacement, portent dans leur construction le cachet de l'époque des Antonins. Herdonea fut détruite au ixe siècle dans une des incursions des Sarrasins qui occupaient

Bari et y avaient même installé un Sultan.

Treize kilomètres plus loin, à côté d'une autre station, voici Ascoli, petite ville d'un peu plus de 5,000 âmes, siège d'un évêché, avec une cathédrale du milieu du xvi° siècle et l'ancien palais fortifié de ses comtes, dont la succession remonte au temps de Charles d'Anjou, et dont le fief fut par Charles-Quint érigé en principauté pour Antonio de Leyva, puis au xvii° siècle en duché. Ascoli est bâti sur la croupe d'une des ondulations de terrain qui en cet endroit commencent à se prononcer d'une manière sensible et se rattachent aux contreforts de l'Apennin. Cette ville a gardé presque sans altération le nom de l'ancienne cité apulienne à laquelle elle a succédé et dont les ruines assez considérables se voient en dehors de l'enceinte de ses murs, Asculum ou plus exactement Ausculum, comme l'écrivent les légendes monétaires, en osque Auhusclum. La cité d'Ausculum fut, en effet, au temps de sa pleine indépendance assez importante et assez prospère pour avoir son monnayage propre. C'est sous ses murs qu'en 279 avant notre ère Pyrrhos livra sa seconde grande bataille contre les Romains. Plutarque en mains, on peut suivre les péripéties principales de l'action sur le terrain, qui présente toujours ces replis et ces hauteurs dont les consuls profitèrent habilement pour porter leur armée. Mais on y chercherait vainement un vestige des épais maquis dont le sol était couvert alors en partie, de telle façon qu'ils entravèrent complètement les charges des éléphants du roi d'Épire et de la brillante cavalerie des Tarentins, et empêchèrent l'infanterie légionnaire d'être rompue comme à la bataille d'Héraclée. La campagne est absolument dénudée aujourd'hui, car le territoire d'Ascoli était compris dans les limites du Tavoliere et soumis à son régime dévastateur. Plus peut-être que partout ailleurs dans la province, les fameuses araignées tarentules pullulent dans ces champs.

Ausculum reçut à deux reprises des colonies de citoyens romains, de la part de Caius Gracchus et de Jules César. Il jouissait toujours du rang colonial sous les Antonins et les inscriptions nous apprennent que sous Valentinien c'était encore une des principales villes de l'Apulie. On ignore ses fortunes sous les Goths et les Longobards, mais nous savons par de brèves indications des chroniqueurs que les Byzantins s'y installèrent en 950, puis qu'en 970 l'empereur Othon le Grand la prit et l'occupa quelque temps. En 1041, Ascoli fut une des premières villes qui se donnèrent spontanément aux Normands pour échapper aux Grecs, et dans le partage qui fut fait du pays elle fut assignée à Guillaume Bras-de-fer, l'aîné des fils de Tancrède de Hauteville. Quand le comte Abagilard ou Abaillard, fils d'Humfroi et toujours prêt à se dresser en compétiteur de Robert Guiscard, se fut révolté pour la seconde fois et eut battu Bohémond, il s'empara d'Ascoli et en fit une de ses places d'armes (1076), mais bientôt Robert vint l'assiéger en personne et s'en rendit maître de nouveau. Quelques années après, la ville ayant manifesté des velléités de révolte tandis que Robert guerroyait en Orient contre l'Empereur grec, son fils Roger la détruisit et en dispersa les habitants. Il ne la rebâtit, en y installant de nouveaux colons, qu'après être devenu lui-même, par la mort de son père, duc des Pouilles. A dater de cette époque, l'histoire d'Ascoli n'offre plus rien de notable que le parlement qu'y tinrent les barons du parti angevin pour élire six députés chargés de gouverner jusqu'à l'arrivée de Louis II d'Anjou les portions du royaume qui tenaient en sa faveur. La ville déclina, du reste, rapidement à partir du xiv° siècle, et sa décadence fut principalement due à la fatalité des cinq tremblements de terre qui tous la renversèrent de fond en comble dans une période de trois siècles, en 1348, 1360, 1456, 1627 et 1694.

Deux lieues après Ascoli le chemin de fer, dans son état actuel, se termine à la station de Candela, laquelle n'est qu'une simple baraque en planches et doit son nom à un bourg de trois à quatre mille habitants, situé à quelques kilomètres de distance au sommet d'une haute colline isolée en forme de pain de sucre, et qui dépendait autrefois du duché de Melfi. En temps ordinaire on ne trouve à louer à la station que des chevaux de selle qui vous portent aux localités voisines, mais nous y étions attendus par une voiture qu'on avait eu l'obligeance de nous envoyer de Melfi. Le cocher nous demanda tout d'abord si nous voulions aller par la grande route ou par la traverse. Le premier trajet était double du second; nous voulions gagner du temps et arriver encore de bonne heure à l'ancienne capitale des comtes de la Pouille; nous optâmes donc pour la traverse et bientôt, après avoir fait charger nos bagages sur la voiture, nous nous mîmes en route à travers champs, ou du moins par un sentier de terre, fait uniquement pour le passage des chars à bœufs à roues pleines, et creusé de profondes ornières où l'on doit rester embourbé sans pouvoir en sortir dès qu'il fait deux ou trois jours de pluie. Le chemin devenait surtout horrible quand, de distance en distance, y reparaissaient les restes de l'empierrement d'une vieille route du moyen âge, qui devait être celle qui, du temps des Normands, faisait communiquer Ascoli et Melfi. Encore maintenant, je ne puis comprendre comment la voiture ne s'est pas cent fois rompue en passant sur ces grosses pierres disjointes qui laissent entre elles des trous profonds. Je me rappelais en y passant combien de fois j'avais maudit en Grèce les restes, arrivés au même état, des anciennes chaussées pavées de l'époque vénitienne et des premiers temps de la domination turque, où le voyageur voit à chaque pas le moment où il va couronner son cheval et se rompre le cou en tombant.

Ainsi cahotés de la manière la plus violente, nous gagnons une chaîne de collines aussi nues, aussi dépourvues d'arbres que la plaine voisine, et quand elles sont gravies nous avons à nos pieds le cours de l'Ofanto, l'Aufidus des anciens. Presque à sec au moment où nous le voyons, ce n'est qu'un filet d'eau jaunâtre qui court au fond d'une vallée étroite dont l'autre flanc se relève rapidement en pentes boisées. Son lit est d'une grande largeur, encombré de galets et de quartiers de roches arrachés aux montagnes d'où il descend, dans la saison où les pluies d'hiver et la fonte des neiges en font le *sonans Aufidus* dont parle Horace. Ici l'Ofanto est un torrent impétueux qui renverse tout sur son passage ; combien différent de l'état stagnant auquel il arrive en approchant de la mer, tel que je l'ai vu il y a quelques années devant Canosa et Cannes, traînant paresseusement ses eaux dans la plaine sur un terrain qui n'a presque plus de pente et les épandant en marécages remplis de roseaux. Nous descendons une côte presque à pic et nous voici dans le fond de la vallée, sur la berge du fleuve. Mais ici la construction du remblai destiné à porter le futur chemin de fer a supprimé le chemin qui longeait la rive gauche, et il n'y en a aucun parmi les taillis serrés de la rive droite. Le cocher pousse bravement ses chevaux en bas de la berge ; nous guéons le courant, puis, au lieu de remonter de l'autre côté, nous tournons à droite et nous voilà cheminant dans le lit même de l'Ofanto, que nous remontons pendant près de deux kilomètres, Dieu sait au prix de quelles secousses pour nous et de quelle peine pour notre pauvre attelage, coupant et recoupant les méandres sinueux de la rivière presque à sec, arrêtés à chaque instant par des morceaux de rochers ou des troncs d'arbres qu'elle a entraînés dans ses eaux lors de son plein. A la fin, nous voyons devant nous un pont de pierres et de briques, un des trois qui existent sur tout le cours de l'antique Aufidus. La base de ses piles est de construction romaine; il est facile de voir que depuis l'âge des empereurs le pont a été plusieurs fois refait et plusieurs fois emporté par la violence des crues d'hiver. On l'appelle Ponte di Santa-Venere. C'est ici que la voie de Bénévent à Venusia (Venosa), par Equus Tuticus et le pied des montagnes, appelée *Via Herculia* d'après Maximien Hercule, franchissait l'Aufidus. Ce pont donne aujourd'hui passage à la grande route de Foggia à Melfi, que nous rejoignons enfin. Pour la prendre, nous remontons sur la berge de la rive gauche, nous franchissons ensuite le pont et nous gravissons une longue côte au milieu des bois. Arrivés au bout, nous sommes au sommet d'une sorte de promontoire d'une hauteur considérable, que contourne l'Ofanto; de quelque part qu'on regarde, la vue est immense et magnifique.

Quand nous nous tournons du côté d'où nous sommes venus, nous voyons à nos pieds la vallée s'ouvrir presque immédiatement dans la plaine grise et dénudée où serpente le bas Ofanto, plaine qui, droit devant nous, s'étend sans ondulations jusqu'aux lagunes du Pantano et de Salpi et jusqu'à la mer, en montrant au milieu de ses champs dépourvus d'arbres, sur un mamelon à peine accentué, les maisons blanches de la grosse ville commerçante de Cerignola, où le duc de Nemours perdit en 1503, contre Gonsalve de Cordoue, la bataille qui décida de la possession du royaume de Naples. A l'extrémité gauche de l'horizon, le Gargano, qu'on n'aperçoit qu'en partie, ferme la plaine. Sur la droite, au delà de l'Ofanto, le terrain se relève un peu ; c'est d'abord un premier plateau sur le bord duquel est bâti Lavello, qui vit mourir Conrad IV en 1252, puis plus loin, dans la direction de la mer, les collines qui portent Canosa, si riche en monuments comme en souvenirs de l'antiquité et du moyen âge, enfin, plus sur la droite, le commencement de la chaîne pierreuse des Murgie di Minervino. En nous tournant dans la direction opposée, notre regard plonge dans la vallée, toujours de plus en plus étroite et profonde, de l'Ofanto supérieur, qui descend des hautes et âpres montagnes de la Basilicate, du côté de Pescopagano, montagnes dont l'aspect a quelque chose de farouche et de presque sinistre qui convient aux repaires d'un peuple d'héroïques brigands, tels qu'étaient les anciens Lucaniens. Les pentes des deux côtés de la vallée, dans la partie la plus voisine de nous, sont couvertes de bois et de champs parsemés de bouquets d'arbres isolés. Au fond, nous apercevons un pont antique à trois arches, le Ponte dell' Olio, l'ancienne station de *Pons Aufidi* des Itinéraires romains, où la voie Appienne, dans son tracé primitif, traversait le fleuve en allant de Bénévent à Venusia. A une courte distance à vol d'oiseau, de l'autre côté de la vallée, le bourg de Monteverde est pittoresquement situé sur un sommet escarpé, qui forme comme l'avant-poste des montagnes dans lesquelles se cache l'ancienne Aquilonia, l'une des cités du petit peuple des Hirpins. Le nom moderne en est La Cedogna, curieux exemple de la conservation populaire des anciennes appellations locales ; car ce nom se rapproche bien plus de la forme osco-samnite, connue par les médailles, *Akudunniu* que de la forme latine *Aquilonia*.

Nous poursuivons notre route pendant quelque temps encore au travers de beaux bois de chênes jusqu'à ce qu'enfin nous découvrions le Vulture. Cette montagne, chantée par Horace, qui était né dans son voisinage, formait la frontière des trois contrées de l'Apulie, de la Lucanie et du Samnium. C'est un volcan contemporain de ceux de notre Auvergne et éteint dès avant l'aurore des temps historiques, dont la base a 60 kilomètres de circonférence et qui s'élève à une altitude de près de 1,600 mètres. Les flancs en sont couverts de forêts où abondent les sangliers, les chevreuils et les loups. Le sommet est occupé par un large cratère qui s'ouvre en face de Carbonara, sur la vallée de l'Ofanto, et de tous les autres côtés entouré d'un cirque de roches à la crête découpée, pareil à la Somma du Vésuve. Une épaisse forêt de chênes et de hêtres séculaires, ombrageant deux lacs, petits mais profonds, remplit l'intérieur de ce cratère. De toute la plaine de la Capitanate on aperçoit à l'extrémité sud-est de l'horizon le cône sombre du Vulture se dresser hardiment en avant de l'arête plus lointaine des Apennins de la Basilicate. Mais on le perd de vue en entrant au milieu des hauteurs mouvementées qui se rattachent à ses dernières pentes et ont été produites en même temps que lui, dans les terrains calcaires environnants, par la poussée souterraine qui lui donnait naissance. Il faut alors en arriver tout près pour le voir de nouveau se développant de la base à la cime dans son imposante majesté.

Nous descendons dans un étroit vallon qui longe le pied de la montagne. Un ruisseau d'eau vive y court en murmurant et développe dans le sol, composé de cendres volcaniques, une fécondité égale, si ce n'est supérieure, à celle des campagnes qui environnent le Vésuve. Ce ne sont dans ce vallon que vignes portant des grappes dignes de la terre promise, vergers entourés de haies de cactus et entrecoupés de cannes gigantesques, où le pommier se mêle aux figuiers et aux orangers, clos d'oliviers, plantations luxuriantes de toute nature. Mais voici à la gauche du ravin une ville qui, sur une esplanade naturelle au-dessus des collines voisines, s'étage en gradins surmontés par la masse sévère d'un château féodal, en face du Vulture qui lui offre une perspective à transporter d'enthousiasme tous les paysagistes. Au bas est une fontaine abondante où des femmes en costume pittoresque lavent leur linge ou puisent de l'eau dans de grandes amphores vernissées, qu'elles portent ensuite sur leur tête en marchant d'un pas cadencé avec la fierté d'allure et l'eurythmie d'hydrophores antiques. Nous gravissons la rue en pente rapide d'un faubourg assez misérable et notre véhicule s'arrête sur une place carrée, toute environnée de maisons neuves. Nous sommes à Melfi, et à notre descente M. le chanoine Aranco, fils de l'auteur d'une bonne histoire de la ville, lui-même homme érudit et d'un vrai mérite, nous reçoit pour nous servir de guide et nous offrir une de ces hospitalités qui ne s'oublient pas.

MELFI

En l'an 1041, ce lieu fut témoin d'un des plus importants événements de l'histoire du moyen âge.

Depuis un quart de siècle, les Normands avaient pris l'habitude d'aller chercher des aventures dans le midi de l'Italie, en se mettant à la solde des princes Longobards de Salerne et de Capoue, des ducs de Naples ou de l'abbé du Mont-Cassin. Ils y trouvaient à la fois gloire et profit, surtout un aliment à ce besoin d'activité qui les dévorait et qui ne trouvait plus suffisamment à s'exercer depuis qu'ils étaient paisiblement établis dans une province de France. Déjà Rainulfe, l'un deux, avait fondé la forteresse d'Aversa dans la Campanie, dont le prince de Salerne lui avait donné l'investiture féodale avec le titre de comte. Mais dans la

Pouille, où ils avaient été d'abord appelés par Melo, ils ne s'étaient plus risqués, depuis leur désastre de Cannes en 1019, à reparaître autrement qu'en pèlerins de Saint-Michel du Gargano. Il y avait alors, à quelques lieues de Coutances, dans la Basse-Normandie, un vieux chevalier banneret du nom de Trancrède, renommé par ses exploits dans les guerres de Robert le Magnifique, père de Guillaume le Conquérant. Il vivait retiré dans son château de Hauteville avec une nombreuse famille, cinq fils d'un premier lit, sept d'un second et plusieurs filles en bas âge. Trop pauvre pour laisser à chacun de ses enfants un patrimoine digne de leur naissance, Tancrède encouragea ses trois fils ainés, Guillaume surnommé Bras-de-Fer, Drogon et Humfroi, à quitter le manoir paternel pour aller tenter la fortune au delà des Alpes. De ceux de ses fils qui avaient âge d'homme, il ne garda près de lui que le quatrième et le cinquième, Geoffroi et Serlon : ce dernier fut celui qui perpétua la famille en Normandie. Ayant rassemblé parmi leurs compatriotes assez de compagnons d'armes aussi pauvres qu'eux pour en former une petite compagnie, les trois aventuriers partirent du pays de Coutances la besace sur l'épaule et le bourdon à la main. Guaimar, prince de Salerne, les prit à sa solde; mais bientôt l'espoir du butin les fit passer sous les drapeaux de l'Empereur grec, alors souverain des Pouilles, de la Basilicate et des Calabres.

Le catapan Georgios Maniakis préparait une expédition contre les Arabes de Sicile. Déjà les Byzantins avaient plusieurs fois loué les services de capitaines de la Normandie, et dans l'Italie méridionale ils avaient éprouvé à leurs dépens ce que valait le bras de ces guerriers, que Basilios Boyoannis n'avait pu vaincre qu'en leur opposant sur le champ de bataille de Cannes d'autres Northmans, des Varanges ou Varègues venus directement de la Scandinavie. Maniakis engagea dans son armée une partie de ceux qui étaient à la solde du prince de Salerne, et les fils de Tancrède de Hauteville furent du nombre. Avant d'entrer en campagne, ils demeurèrent quelque temps cantonnés dans la Pouille. Là non seulement ils virent de près la mauvaise organisation des troupes impériales, ramas confus de mercenaires de toutes origine sur la fidélité desquels il n'y avait à faire aucun fond; mais ils furent frappés du degré d'imprévoyance avec lequel le général grec, qui lui-même méditait une révolte contre son souverain, dégarnissait une province remplie de mécontents. Dès lors le projet de se rendre maîtres de cette belle et fertile contrée germa dans leur esprit.

Pendant toute la guerre de Sicile, le poste le plus périlleux fut réservé aux aventuriers normands. Les Grecs leur durent leurs principaux avantages et les traitèrent avec de grands égards tant qu'ils eurent besoin de leurs services. Mais après la prise de Messine et celle de Syracuse, où Guillaume Bras-de-Fer tua de sa main le principal caïd des Arabes, lorsque l'armée impériale eut conquis une grande partie de l'île et que la guerre parut finie, les chevaliers de Normandie réclamèrent vainement leur part du butin. Un Lombard de Milan, nommé Ardoin, leur interprète, fut, par ordre du catapan, dépouillé de ses habits, rasé, puis battu de verges autour des tentes. La vengeance suivit de près l'injure. Dès la nuit suivante, les Normands traversèrent le détroit de Messine sur des barques de pêcheurs et abordèrent en Italie. On était au cœur de l'hiver; la neige couvrait toutes les hautes montagnes de la Calabre et de la Basilicate, et les torrents gonflés par les pluies inondaient les vallées. Cependant, comme le moindre retard pouvait tout compromettre, les chevaliers traversèrent le pays en dépit de tous les obstacles et résolurent, malgré la saison, d'attaquer immédiatement la Pouille, où Ardoin se faisait fort de provoquer un soulèvement à leur apparition. Ils en firent leur général, et celui-ci, s'arrêtant quelques jours à Aversa, y appela près de lui les aventuriers normands qui étaient restés à Salerne, ceux au service de l'abbaye du Mont-Cassin, et tous les Lombards disposés à partager ses périls et fortune. Rainulfe leur donna trois cents hommes d'armes, et quand les troupes furent réunies, elles élurent douze comtes pour les commander sous l'autorité supérieure d'Ardouin. Guillaume, Drogon et Humfroi furent parmi ces comtes.

On marcha au travers des montagnes droit sur Melfi ; Ardoin en avait été gouverneur pour les Grecs ; il y avait de nombreuses intelligences. La ville avait été, depuis une vingtaine d'années, agrandie et fortifiée par Boyoannis ; elle passait alors pour la place la plus considérable et la plus forte de la Pouille après Bari, dont les Grecs avaient fait le centre de leur domination en Italie. Quatre ans auparavant, en 1037, Nicolas, archevêque de Canosa et de Bari, y avait érigé un évêché, démembrement de l'ancien diocèse de la ville ruinée de Cisterna. Il n'y avait pas de garnison impériale. Mais les Normands, arrivés de nuit dans le faubourg, trouvèrent les habitants en armes sur les remparts, disposés à se défendre vigoureusement contre ces inconnus dont les projets leur étaient suspects. Ardoin vint devant la porte parlementer avec eux. Voici le discours que le chroniqueur de l'*Yistoire de li Normant* (1), en son vieux français, place dans la bouche du Lombard : « Ceste est la liberté, laquelle vos avez cherciée. Cestuis no sont anemis, mes grant amis, et je ai fait ce que je vos avoie promis, et vos, faciez ce que vous m'avez promis. Cestuis viennent por desjoindre lo jog dont vous estiez loiez, de liquel, se tenez mon conseil, joingnez auvec ces. Dieu est avec nous; Dieu a miséricorde de la servitude et vergoygne que vos souffrez tous les jors, et por ce a mandé ces chevaliers por vos délivrer. » Des cris d'enthousiasme et de liberté répondirent à ces paroles d'Ardoin; la porte s'ouvrit à deux

---

1. C'est le titre de la traduction française, faite au xiii° siècle, des récits latins du moine Amato du Mont-Cassin, dont le texte original n'est malheureusement pas parvenu jusqu'à nous.

battants, et les Normands furent reçus en triomphe dans la ville. Ils avaient désormais une place d'armes et une base d'opérations inexpugnable. Leur audacieuse aventure, d'un coup de tête de colère, devenait une grande entreprise de conquérants. Ce n'était rien moins qu'un empire nouveau qui venait de naître, un état destiné à durer huit siècles, jusqu'à ce qu'il se fondît dans l'Italie désormais unifiée et parvenue à la condition de nation.

Bientôt, en effet, la plupart des villes voisines suivirent l'exemple de Melfi et se donnèrent spontanément à ces étrangers qui se présentaient comme des libérateurs. Lavant dans le sang le souvenir de la défaite de leurs compatriotes vingt-deux ans auparavant, et cela sur le même champ de bataille, 2,000 Normands mirent en déroute, à Cannes, 18,000 Grecs conduits par le catapan Dokéanos, successeur de Maniakis. Vainqueurs encore l'année suivante à Montepoloso, ils gardèrent le territoire dont ils s'étaient emparés ; en deux campagnes, ils avaient à jamais chassé les Byzantins de la presque totalité de la Pouille et d'une portion de la Basilicate. Mais bientôt la discorde éclata parmi ceux qui avaient obtenu ensemble ces grands résultats.

Ardoin, comme avant lui Melo, était un patriote longobard qui voulait rétablir l'indépendance et la souveraineté de son peuple dans la Pouille et y reconstituer une principauté pareille à celles de Capoue et de Salerne, quitte à se débarrasser ensuite des aventuriers étrangers qui l'avaient aidé à cette tâche. Les Normands, qui formaient le nerf de l'armée, prétendaient de leur côté, n'avoir pas une autre fois, comme en Sicile, combattu pour n'en avoir pas le profit; ils voulaient « gaigner terres », et étaient bien résolus à garder pour eux-mêmes leur belle conquête. Ils se débarrassèrent d'Ardoin, rompirent avec ses Longobards, ainsi qu'avec Argiro, le fils de Melo, qu'un moment ils avaient pris pour chef à la place d'Ardoin, et, à l'égard des habitants, jetèrent le masque de libérateurs pour agir franchement avec toute la brutalité de conquérants. En 1043, ils se réunirent en parlement général à Melfi et y procédèrent au partage féodal du pays. Chacun des douze comtes devint seigneur d'une ville et les simples chevaliers eurent en fiefs des châteaux et des maisons. D'une commune voix, on décida de confier le commandement général à un guerrier de race normande, et Guillaume Bras-de-Fer fut élu « comte des Normands de la Pouille. » Ce titre, du reste, ne lui donnait que le droit de commander l'armée à la guerre, de présider les assemblées de la nation et de posséder, outre sa ville propre, celle de Melfi, qui devenait comme la capitale de la république aristocratique créée par les chevaliers normands.

La règle féodale n'admettait « pas de possession sans seigneur, » et d'ailleurs, les Normands sentaient le besoin d'appuyer sur une puissance plus forte leur établissement encore naissant, à la destruction duquel les Grecs devaient consacrer de grands efforts. Ils cherchèrent donc à se donner un suzerain dont chaque comte, à titre égal, reçut une investiture régulière. Ils la demandèrent d'abord, en 1043, à Guaimar, prince de Salerne, puis, en 1047, à l'Empereur d'Occident Henri II, enfin, en 1053, au Pape Léon IX, après la bataille de Civita, sans s'inquiéter du conflit qui pouvait résulter entre ces différentes suzerainetés adoptées successivement. Cependant, leur position restait précaire et semblait même fortement menacée. Guillaume mort en 1047, son frère Drogon avait été élu à sa place, mais bientôt, à son tour, il était tombé, en 1051, à Montolio, sous le poignard d'un assassin. Le même jour, un certain nombre de chevaliers normands étaient également massacrés dans leurs fiefs. C'était l'effet d'une vaste conspiration ourdie sous les auspices d'Argiro, réconcilié avec les Grecs et institué par eux duc d'Italie en même temps qu'il avait reçu le titre de cour de *vestiarios* de l'empereur. C'est lui qui de Bari en dirigeait les fils. Les Longobards du pays, déçus de l'espoir qu'ils avaient mis d'abord dans les Normands, s'étaient retournés vers les Byzantins, qui leur faisaient mille promesses, et la masse de la population, à qui la nationalité des Longobards ou des Normands était indifférente, se sentait poussée à l'exaspération par la dureté du joug de ses nouveaux maîtres. Humfroi, proclamé après la mort de Drogon, dont nous retrouverons le tombeau à Venosa, avait réprimé avec une impitoyable rigueur les tentatives de soulèvement, et surtout rétabli pour un temps la position du nouvel état normand par sa victoire de Cività, dont le résultat avait été de contraindre le Pape, fait prisonnier, à reconnaître la légitimité des possessions de ces étrangers qu'il avait d'abord entrepris d'expulser du sol italien comme des barbares intrus. Mais, quelques années après, l'orage s'était reformé contre Robert Guiscard, le sixième des fils de Tancrède de Hauteville, l'aîné de ceux du second lit, qui était venu rejoindre, en 1047, ses frères plus âgés et avait été élu comte des Normands en 1057, au préjudice des enfants de Humfroi. Les Normands eux-mêmes étaient profondément divisés et semblaient prêts à se livrer aux fureurs d'une guerre civile entre ceux qui voulaient continuer le régime de la république aristocratique et ceux qui prétendaient, avec Robert lui-même, renforcer le pouvoir central et faire de son détenteur un souverain héréditaire. En même temps, les deux Empereurs d'Orient et d'Occident armaient contre eux d'un commun accord, le Pape venait de les excommunier, et les habitants de la Pouille se montraient à la veille d'une insurrection. Il ne paraissait pas que les Normands, malgré leur énergie et leur bravoure, pussent résister à une coalition aussi générale, à laquelle avait adhéré leur ancien allié, le prince de Salerne, lorsque tout changea brusquement par une inspiration du génie d'Hildebrand.

Le fils du charpentier de Soano en Toscane, prieur de Cluny, puis cardinal, qui devait plus tard devenir pape et si fameux sous le nom de Grégoire VII, dirigeait déjà sous Nicolas II la conduite et la politique de la Curie romaine. Il préparait l'émancipation de la Papauté de la suprématie de l'Empire et la grande lutte pour les investitures, qu'il devait engager une fois parvenu lui-même au souverain pontificat. Pour le développement et l'exécution de ses grandioses et généreux projets, il sentait qu'il était nécessaire d'assurer à la Papauté, dans le voisinage de son territoire, un ferme appui temporel et militaire, capable d'opposer une barrière infranchissable aux armées de l'Empire d'Allemagne. Nulle part entre les Italiens il n'apercevait un état assez fort, soutenu par des bras assez aguerris pour qu'on pût lui confier un tel rôle. Sa clairvoyance extraordinaire dans le jugement des hommes lui fit comprendre que les Normands de la Pouille seraient seuls capables de le remplir, si l'autorité morale de l'Église favorisait l'agrandissement de leur puissance. La politique papale à leur égard fit donc une volte-face subite. Hildebrand entra secrètement en négociations directes avec Robert Guiscard, et quand les termes d'un accord furent convenus entre eux, le Pape Nicolas, au commencement de l'année 1059, se rendit de sa personne à Melfi, où il tint un concile dont l'objet annoncé était la réconciliation des Normands avec l'Église. C'est dans ce concile que furent arrêtés, avec le caractère le plus solennel qu'un acte de ce genre pût alors revêtir, en l'empruntant à la religion, les articles qui devaient pour plusieurs siècles servir de base au droit politique de l'Italie méridionale.

Nicolas II y donnait aux Normands absolution pleine et entière des sentences ecclésiastiques prononcées contre eux, tant par lui que par ses prédécesseurs. Il accordait le titre héréditaire de duc de Pouille et de Calabre à Robert Guiscard, avec l'investiture pontificale pour toutes les terres actuellement au pouvoir des Normands dans ces provinces, et, de plus, il l'autorisait à s'emparer des possessions des Grecs et des Arabes en Italie et en Sicile. Richard, comte d'Aversa, proclamé prince de son côté, obtenait l'investiture de la principauté de Capoue, qu'il venait de conquérir sur le descendant de ses souverains longobards, lequel avait pourtant soutenu avec fidélité le parti du Saint-Siège. Pour prix de ces concessions, qui ne coûtaient rien au pape, mais qui avaient au xie siècle une valeur morale extraordinaire, le duc Robert et le prince Richard se reconnaissaient, eux, leurs héritiers et leurs successeurs quels qu'ils fussent, hommes liges de l'Église romaine; ils s'engageaient à lui fournir des troupes contre tous ses ennemis et à lui payer un tribut annuel.

La Papauté s'assurait ainsi le concours de la redoutable épée des Normands dans ses querelles futures avec l'Allemagne, et cela d'une manière d'autant plus certaine qu'elle avait eu l'habileté de faire reposer leur droit nouveau sur la négation de celui que les Empereurs d'Occident prétendaient à la suzeraineté du midi de l'Italie. De son côté, Robert Guiscard, en obtenant l'érection de son nouveau duché en grand fief pontifical, faisait trancher par l'autorité suprême des consciences la question qui, depuis son élection, divisait les Normands de la Pouille. Ce qui avait été d'abord le simple commandement électif d'égaux sur lesquels le comte des Normands n'exerçait d'autorité qu'à la guerre, se transformait en une souveraineté héréditaire dont les comtes des villes devenaient les feudataires. Car le principe de l'hérédité des fiefs, existant depuis longtemps en fait, venait d'être reconnu en droit général par une loi de l'empereur Conrad. Dès lors, le pouvoir suprême ne dépendit plus d'une élection soumise au caprice de la volonté des barons; il reposa sur le droit que l'investiture pontificale donnait à Robert de choisir lui-même son successeur parmi ses enfants. Ceux-ci régnèrent après lui, puis ses neveux, et l'Italie méridionale resta soumise à cette branche de la maison de Hauteville, bientôt élevée sur le même rang que les autres dynasties royales.

Les stipulations de Melfi arrivaient bien à temps pour Robert Guiscard, car une année s'était à peine écoulée depuis le concile quand éclatait du côté de l'Orient le plus grand danger qu'ait jamais couru l'établissement des Normands en Italie, un danger tel que certainement ils y auraient succombé s'ils avaient eu en même temps contre eux la puissance morale de la Papauté, au lieu de l'avoir désormais pour appui. Malgré ce qui s'était passé, l'Empire grec avait continué les préparatifs de guerre convenus avec le pontife de Rome, et l'énergique Constantin Ducas avait succédé sur le trône de Constantinople au faible Isaac Comnène. Tandis que Robert Guiscard faisait la conquête de Reggio et restait en Calabre pour observer le succès de la première incursion que son frère Roger exécutait en Sicile, du côté de Messine, le myriarque Aboul-Khareg, Maronite ou Mardaïte de naissance, nommé duc d'Italie, rassemblait une nombreuse armée à Durazzo. Débarqué brusquement à Bari, il envahit la Pouille dégarnie de troupes. A cette nouvelle, Robert accourut du fond de la Calabre et se mit à la tête des forces que son frère Mauger, comte de la Capitanate, avait déjà réunies en hâte. Mais elles étaient peu considérables, et surtout l'élite des Normands était restée dans le Midi. Robert et Mauger furent donc absolument défaits par Abou-l-Khareg, qui profita de sa victoire pour reprendre Tarente, Oria, Brindisi et Otrante. En décembre 1060 ses troupes débordaient sur tous les points et il mettait le siège devant Melfi, qui semblait devoir promptement capituler. Mais Roger, à ce même moment, arrivait avec l'armée de Calabre au secours du duc son frère, refoulé dans le sud de la Basilicate. Aussitôt les Normands reprirent l'offensive avec une nouvelle vigueur. Dès janvier 1061, Roger recouvrait Manduria, près de Tarente, et Robert Guiscard Acerenza. Puis ce dernier marcha contre Abou-l-Khareg occupé à l'attaque de Melfi, lui livra bataille, le mit en déroute et le rejeta en désordre sur Bari, où bientôt il se rembarqua.

La défaite de cette invasion des Grecs, qui avait été si près de réussir, acheva de consolider les résultats politiques du concile de Melfi. Robert

Guiscard put alors reprendre, fort de la concession papale qui en faisait une sorte de croisade, et mener à bonne fin l'entreprise qu'il avait si brillamment inaugurée dans le Val di Crati, en Calabre, alors qu'il n'était qu'un simple aventurier exilé aux avant-postes par son frère Humfroi, le vaste plan qu'il avait dès lors conçu : enlever à l'Empire grec tout ce qu'il possédait encore sur le continent italien, dans la Pouille et dans la Calabre, absorber également les principautés longobardes qui subsistaient à Bénévent et à Salerne, étendre sa suzeraineté sur les républiques commerçantes de Gaëte, de Naples et d'Amalfi, puis couronner l'œuvre en faisant sur les musulmans la conquête de la Sicile, qu'il donna en fief, avec le titre de comte, à Roger, son frère puîné. En même temps, tout en poursuivant la guerre avec une ardeur nouvelle, il adopta une ligne de conduite absolument différente de celle qu'avaient tenue jusqu'alors les Normands et avant eux les autres étrangers descendus dans la péninsule depuis les invasions barbares. Le lendemain de la bataille, il distribuait généreusement à ses troupes le butin gagné par l'épée ; mais en même temps, il appelait à lui les indigènes, que ses frères avaient tenus en servage. Il leur ouvrait les rangs de son armée et s'efforçait d'effacer l'ancienne et injurieuse distinction établie depuis cinq siècles entre les vainqueurs et les vaincus. Il inaugurait ainsi cette admirable politique d'apaisement, de tolérance et de conciliation, si extraordinaire pour son époque, qui réunissait autour de lui, en les groupant par les mêmes intérêts, au service d'une même pensée, les populations les plus diverses de race et de langue : Normands établis de la veille en Italie, Longobards dépossédés de leur ancienne suprématie, Italiens de race latine foulés et pressurés de longue date par les invasions, mais toujours fiers de leur descendance romaine, Grecs par qui les Empereurs de Constantinople avait colonisé la Calabre, Arabes de Sicile, juifs des villes de négoce, nombreux surtout dans la Pouille ; des hommes entre lesquels la diversité de foi et de culte semblait devoir établir des ferments de haine irréconciliable, obstacle impossible à surmonter pour toute tentative de fusion. Chrétiens de rites ennemis relevant, les uns de l'obédience du Pape, les autres de celle du Patriarche de Constantinople, musulmans et israélites, Robert les plaçait tous dans ses États sur un pied d'égalité, les admettait également, sans distinction d'origine et de religion, dans les plus hauts offices de ses troupes et de son administration, accordant à chacun liberté entière dans l'exercice de son culte. C'est ainsi qu'il parvint à se faire accepter comme un libérateur par la majorité des populations et non seulement à faire vivre en paix, grâce au lien de sa domination, des éléments aussi disparates, mais à les fondre jusqu'à un certain point en éveillant chez eux le sentiment d'une nationalité commune. Cet homme qui, parti d'un petit manoir de la Normandie, cadet d'une nombreuse famille, avait commencé, dans son camp de San-Marco-Argentaro, palissadé à la façon de ceux des anciens vikings, par mener, à force de misère, la vie d'une sorte de chef de bandits, ne fut pas seulement un grand conquérant, il montra dans l'exercice du pouvoir les qualités d'un fondateur de peuple.

L'extension des conquêtes de Robert Guiscard et la transformation de son pouvoir ne profitèrent pas à Melfi, bien au contraire. Quand le duc normand se fut rendu maître de Salerne, il y transporta sa résidence et la capitale de ses États. Cette grande ville lui paraissait plus en rapport avec l'éclat qui devait désormais entourer la cour d'un grand prince. D'ailleurs il y trouvait des traditions monarchiques qui lui plaisaient, en lui semblant offrir plus de garanties que l'esprit qui régnait à Melfi. De plus, dans la forteresse apulienne, il s'était senti jusque-là presque à la merci des velléités de révolte des grands barons du voisinage, lesquels lui faisaient une sourde opposition et ne dissimulaient pas leurs regrets du régime de république aristocratique qui avait régné sous les premiers comtes. Dans la révolte d'une partie des hauts barons normands qui avait suivi de très près l'élévation de Robert au rang de duc héréditaire, Pierre fils d'Ami, le même qui, treize ans auparavant, en 1046, avait disputé à Drogon le titre de comte de la Pouille, s'était emparé de Melfi par surprise, et ce n'était qu'après une épreuve du jugement de Dieu que les habitants s'étaient décidés à le chasser. Plus tard, dans les diverses révoltes du comte Gocelin et des deux neveux de Robert Guiscard, Geoffroi comte de Conversano et Abagilard ou Abaillard, soutenus la première fois par une nouvelle invasion grecque que commandait le drongaire Mabrikas, la fidélité de la ville s'était encore montrée des plus suspectes.

Melfi ne perdit pas cependant toute son importance avec le transport du centre du gouvernement à Salerne. Le pape Urbain II y rassembla un nouveau concile en 1089. Le roi Roger s'occupa d'embellir cette ville, qui restait royale et où il fit tenir en 1130 un concile schismatique par son antipape Anaclet. Du temps de la maison de Souabe, Frédéric II y vint souvent passer les mois d'été, attiré par le climat tempéré qui y marque cette saison et par les aliments que les bois du Vulture offraient à sa passion pour la chasse. C'est à Melfi qu'en 1231 il promulga les fameuses *Constitutions augustales*, compilées par son chancelier Pietro delle Vigne avec l'assistance des deux grands jurisconsultes Roffrido de Bénévent et Taddeo de Sessa, vaste code de lois embrassant le droit politique, le droit civil, criminel et féodal, les règles de la procédure, la compétence des juges et des fonctionnaires, les frais et dépens, les finances, la police, les poids et mesures, enfin les monnaies. Divisé en trois livres comprenant 290 décrets, dont 42 émanant du roi Roger, 23 des deux Guillaume et 225 de Frédéric lui-même, ce recueil est disposé d'une manière confuse, mais il n'en constitue pas moins un monument législatif de la plus haute valeur, où se résument les progrès les plus avancés du droit tel qu'on le comprenait au xiii° siècle. C'est le premier exemple que le pouvoir souverain ait donné en Europe de substitution de la loi écrite à la coutume, de tentative de mise en ordre du chaos juridique dans lequel se débattait le moyen âge. Depuis Justinien l'on n'avait pas vu formation d'un code complet de ce genre s'étendant à toutes les choses de l'ordre social. Frédéric y poursuit systématiquement l'abaissement de la puissance de la noblesse et du clergé, la restriction de leurs privilèges au profit du pouvoir royal. Il établit ce pouvoir en protecteur de leurs vassaux, auxquels il offre un recours contre l'oppression et les vexations de toute nature. Il revendique exclusivement pour la couronne la juridiction criminelle à tous les degrés et l'appel des causes civiles. Mais tout en abaissant la noblesse, il montre une jalousie maladroite contre l'établissement des communes; il n'assure donc pas à la royauté cet appui de la bourgeoisie des villes que surent s'acquérir les rois de France, en poursuivant la même œuvre par une voie plus lente, mais aussi plus sûre. Il dut profondément le regretter à la fin de son règne, quand il vit autour de lui la trahison et la révolte éclater partout dans les rangs des seigneurs. Mais, sous ce rapport, il avait poursuivi toute sa vie l'idéal de l'absolutisme impérial et il s'était montré centralisateur à l'excès. Le souvenir des troubles de sa minorité pesait sur lui comme il pesa plus tard sur Louis XIV.

Melfi, d'ailleurs, en ayant cessé d'être une capitale, restait une ville de grand commerce, un des principaux marchés de la Pouille. Les Amalfitains y venaient trafiquer en grand nombre, y avaient un quartier spécial et y étaient placés presque sur le même pied que les citoyens. La juiverie était riche et considérable, moins pourtant que celle de la voisine Venosa. Sous l'Empire romain, les juifs s'étaient établis en très grand nombre en Apulie; ils y pouvaient posséder le sol, et plusieurs d'entre eux étaient devenus dans ce pays de grands propriétaires terriens. D'une constitution de l'empereur Honorius, datée de 398, nous apprenons que dans cette province l'*ordo* ou sénat municipal de plusieurs cités en était venu à présenter une majorité de juifs. Bien traités par les Ostrogoths, ils se montrèrent dévoués à leur cause, et les juifs de Naples eurent une part considérable à la défense de la ville contre Bélisaire. Un peu plus tard, le Pape saint Grégoire le Grand, dans sa correspondance, se montre souvent préoccupé des israélites apuliens ; il n'était pas comme son prédécesseur saint Gélase, qui traitait en intime ami un de ceux-ci, nommé Telesinus. Un célèbre rabbin français du XII® siècle cite un proverbe qui avait cours depuis longtemps et qui, calquant à sa manière des paroles d'Isaïe, disait : « La loi sort de Bari et la parole de Dieu d'Otrante. » En effet, la renaissance des études hébraïques s'est produite en Italie bien plus tôt que dans le reste de l'Europe et dès le commencement du x® siècle, dans l'ordre des sciences profanes, les juiveries de la Pouille comptaient des hommes de la valeur du fameux médecin Schabthaï Domnolo. Elles continuèrent à subsister sans être trop molestées, même sous les Angevins. Ce fut seulement Ferdinand le Catholique qui fit expulser les juifs du royaume de Naples, en appliquant à ce pays la loi barbare d'exil que l'Espagne avait adoptée et qui lui fut si funeste.

Bâtie sur un sol volcanique, la ville de Melfi, qui compte actuellement une douzaine de mille âmes, a souffert à plusieurs reprises, presque de siècle en siècle, les ravages de tremblements de terre. Le dernier et l'un des plus violents eut lieu en 1851 et renversa la majeure partie de la ville, en faisant de nombreuses victimes. C'est pour cela que la plupart des constructions y sont neuves. Par suite, Melfi ne conserve que bien peu de souvenirs monumentaux de son passé historique. Le château fort qui la domine, énorme pâté garni de tours carrées peu saillantes, est encore dans sa masse une œuvre du xi° siècle. C'est bien celui qu'ont habité Drogon et Humfroi, celui où Robert Guiscard enferma sa première femme Albérade, fille du Normand Girard, seigneur de Buonalbergo, la fidèle compagne des épreuves de sa jeunesse, quand il l'eut répudiée pour contracter une alliance plus profitable à sa politique en épousant Sichelgaïta, sœur du prince de Salerne. Mais ce château a été complètement défiguré par des remaniements et des appropriations modernes de diverses époques. Il appartient actuellement à la famille Doria, qui en tire un titre princier. La seigneurie de Melfi, restée du domaine royal jusqu'au xiv° siècle, fut pour la première fois donnée en fief comme comté par Jeanne Ire. Ferdinand II d'Aragon l'érigea en duché pour la famille Caracciolo. Mais elle était revenue à la couronne par voie de confiscation quand Charles-Quint la donna comme principauté à André Doria.

De l'ancienne cathédrale il n'est demeuré debout qu'un beau campanile carré à plusieurs étages de fenêtres romanes, aussi élégant que hardi dans la façon dont il s'élève vers le ciel. A son étage supérieur, l'architecte a employé les pierres volcaniques rouges et noires du Vulture pour exécuter, à la façon de ce qu'on voit souvent dans les églises de l'Auvergne, de véritables mosaïques à grandes pièces, incrustées dans l'appareil de gros blocs de calcaire qui forme la construction. Elles dessinent des lions rampants d'un style tout héraldique, placés sur chaque face des deux côtés de la fenêtre. Le lion était l'emblème qu'avait adopté la dynastie des Normands de Sicile, et Huillard-Bréhollès a déjà remarqué qu'ils en avaient multiplié sur tous leurs monuments. Le campanile de Melfi fut élevé en 1153, sous le règne de Roger II, par les soins de l'évêque Roger. L'architecte s'appelait Noslo Remerii. C'est ce que nous apprennent deux inscriptions gravées sur la face ouest de l'édifice.

Les remparts de la ville, dont il subsiste quelques parties et une des portes, celle de Venosa, ne sont pas antérieurs au temps de Frédéric II ou des premiers Angevins.

Dans la cour du municipe on conserve un

énorme et magnifique sarcophage antique de marbre, découvert en 1856 au lieu dit Albero-in-Piano, sur le territoire de la commune voisine de Rapolla. Parmi les monuments de ce genre, c'est un des plus beaux et des plus importants que j'aie vus ; Rome même n'en possède qu'un petit nombre qui puissent rivaliser avec celui-ci. Autour de la caisse, au-dessous d'une frise de monstres marins, sont disposées seize niches, cinq sur chacune des grandes faces et trois sur chacun des petits côtés, séparées par de riches colonnes à fines cannelures en spirale. De deux en deux ces niches se terminent au sommet en coquille. Sous chacune d'elles est une figure de haut relief, excepté dans celle du milieu du petit côté de la tête, où l'on a figuré une porte à deux battants et à quatre panneaux ornés de bas-reliefs. Pas de doute sur les personnages que représentent les figures de la face postérieure, aussi finement exécutées que celles du devant. C'est au centre une Vénus drapée, debout entre deux pommiers. Puis, à gauche, Vénus de nouveau, accompagnée de l'Amour et tenant le bouclier de Mars, qu'elle a désarmé et qui est debout devant elle ; à droite, Atalante et Méléagre, aux pieds de qui est étendu mort le sanglier de Calydon. Les figures de la face antérieure offrent plus d'obscurités. On y reconnaît avec certitude, sur la gauche, Apollon Citharède assis et Mars debout, nu, le casque en tête, ayant près de lui ses armes. Mais quel nom donner au jeune héros à la longue chevelure, à demi enveloppé d'un manteau qui laisse à découvert son épaule droite et une partie de sa poitrine, lequel, ayant auprès de lui son bouclier rond et son casque à cimier, se tient debout sur la droite devant un roi barbu, assis, qui portait à la main un long sceptre et à côté de qui, dans le fond de la niche, une épée est suspendue à son baudrier? Il semble recevoir un ordre de départ; mais bien des faits de l'histoire héroïque chantée par les poètes pourraient s'appliquer à cette représentation singulièrement vague, que ne précisent pas les attributs des personnages. Il n'est guère moins difficile de dénommer avec précision la figure de femme voilée, sans doute une déesse, qui occupe la niche du milieu. Elle est debout entre deux arbres dont le feuillage rappelle celui du laurier et à l'un desquels est suspendu un bouclier rond. A cette place on penserait naturellement à chercher Proserpine, la déesse des morts, faisant pendant à la Vénus de l'autre face; mais nous avons ici plusieurs traits étrangers à la représentation habituelle de cette divinité.

Le couvercle figure un lit richement orné, garni d'un matelas et d'un coussin, sur lequel est couchée une jeune femme endormie, dont la coiffure est celle de Messaline, d'Agrippine et de Poppée. Comme jusque dans le fond des provinces on s'attachait à suivre la mode dont le ton était donné par les impératrices, ce trait caractéristique place l'exécution du sarcophage aux temps de Claude et de Néron. Aux pieds de la jeune femme était couché son petit chien favori. Un Amour enfantin sculpté, de très petite dimension, est placé auprès du chevet. Il tient d'une main un flambeau renversé, symbole de la mort, et de l'autre un feston de fleurs. Il serait fort à désirer que ce magnifique monument de sculpture fût mis à couvert dans quelque salle et ne demeurât pas exposé aux intempéries atmosphériques comme aux mutilations des gamins dans une cour où tout le monde a accès.

Dans cette même cour du municipe on remarque encore quelque chose de fort bizarre. C'est un pilier de pierre du xvi° siècle, adossé au bâtiment qui était autrefois la prison. Il se termine à son sommet par une console fortement en saillie, au-dessous de laquelle, à son extrémité, est scellé un gros anneau de fer qui a pu servir à suspendre la poulie d'un puits, ou bien peut-être à brancher des chrétiens. Cette dernière hypothèse paraîtra peut-être au premier abord assez invraisemblable, mais elle m'est inspirée par les singulières inscriptions que porte le pilier. D'un côté de la console est gravé, avec l'écusson de la province de Basilicate présentant en armes parlantes un basilic ailé : *Quietum nemo impune lacesset.* De l'autre côté on lit : *Scribit in memore læsus*, au-dessous du buste en bas-relief, vu de face, d'un personnage aux cheveux taillés en brosse, à la barbe courte et en pointe, portant une cuirasse avec une fraise à l'espagnole, manifestement le portrait de quelque capitaine des armées de Charles-Quint. C'est là un monument de vengeance, et il se rattache à un des épisodes les plus sanglants des guerres entre Français et Espagnols au commencement du xvi° siècle. Dans sa désastreuse expédition de 1528, Lautrec vint mettre le siège devant Melfi, qui, comme la plupart des villes de la Pouille, montra beaucoup de dévouement à la cause de l'Empereur. Melfi se défendit donc énergiquement, mais une de ses portes fut à la fin livrée par trahison. Là comme à Andria, Lautrec, voulant inspirer la terreur à la contrée voisine, mit la ville à sac et passa au fil de l'épée une partie de la population et de la garnison. Les Espagnols revinrent bientôt après, et leurs représailles furent terribles à l'égard des soldats français laissés dans la place, ainsi que de ceux des habitants que l'on désignait comme partisans de la France et que l'on soupçonnait d'avoir pris part au complot qui avait livré la ville. C'est là ce que rappelle l'inscription du pilier des prisons de Melfi. L'offensé qui proclame qu'on ne l'aura pas impunément troublé dans son repos est l'Espagnol, possesseur du pays par un droit qu'il tient pour légitime. Il y a donc une certaine probabilité à ce que le pilier dont nous parlons ait alors servi de gibet et vu l'agonie de quelques-unes au moins des victimes des vengeances qui suivirent le passage des Français.

On considère généralement la fondation de Melfi comme ne datant que des temps barbares ou de ceux de cette domination byzantine tant calomniée, qui pourtant a vu naître bien des villes nouvelles dans la Pouille. Quelques-uns, se fondant sur une phrase d'Erchempert, écrivain du ixe siècle, pensent que ce fut là le premier établissement de ceux qui allèrent ensuite fonder Amalfi, que la grande république commerçante qui jeta tant d'éclat dans le premier moyen âge était une sorte de colonie de Melfi. La phrase d'où l'on a tiré cette conclusion est malheureusement très obscure ; on ne saurait dire précisément s'il y est en réalité question de Melfi ou bien, comme l'ont admis d'excellents critiques, du cours d'eau appelé Molfa ou Molpa, qui débouche dans le golfe de Policastro. Notons cependant qu'il existe un parallélisme digne de remarque entre Melfi d'Apulie, avec son ruisseau homonyme et dans son voisinage Lavello, et Amalfi de Campanie, qui a également sur son territoire un ruisseau de son nom et dans son voisinage Ravello. Les deux appellations de Melfi et Amalfi sont étroitement apparentées, presque identiques au fond, et dans les documents les plus anciens on trouve fréquemment la forme *Melphia* ou *Melfia* pour désigner la ville du golfe de Salerne. Le même parallélisme existe entre le nom d'une des principales villes de la Pouille, Trani, et celui d'Atrani près d'Amalfi. Entre la Pouille et le territoire amalfitain nous constatons aux xie, xiie et xiiie siècles des relations étroites, des liens d'une fraternité toute particulière, qui sont spécialement intimes entre les Melfitains et les Amalfitains. Les citoyens d'une ville sont traités dans l'autre presque comme des compatriotes. La population de l'État d'Amalfi a bien plus d'affinités avec celle de la Pouille qu'avec celle du reste de la Campanie, dont elle s'étudie dans une certaine mesure à rester isolée. Sans doute l'histoire traditionnelle de la fondation d'Amalfi, telle que la raconte Erchempert, est une légende fabuleuse. On ne saurait admettre le fait de ces grandes familles romaines qui, voulant s'établir à Constantinople, s'en vont débarquer à Raguse, puis reviennent en Italie et après un séjour à Melfi ou sur la Molpa se fixent définitivement à Amalfi. Mais la fondation de cette dernière ville, qui ne remonte pas plus haut que le viie siècle me paraît devoir vraisemblablement être attribuée à une émigration de la Pouille, fuyant les ravages de l'invasion des Longobards. Je crois donc qu'il y a sous ce rapport un renseignement exact chez Erchempert et que c'est à Melfi de Pouille qu'il vaut le mieux rapporter sa phrase.

Quoi qu'il en soit, rien ne donne à supposer que Melfi existât sous les Romains ou du moins fût une localité de quelque importance. On ne peut pas en trouver un indice dans une seule inscription latine funéraire, employée dans la construction du campanile, laquelle peut parfaitement avoir été apportée de Rapolla, ni dans celle d'une borne milliaire trouvée jadis au bas de la ville, où on la conserve aujourd'hui. Celle-ci atteste seulement le passage de la *Via Herculia* au point où elle fut découverte. Mais en revanche, sur l'emplacement où est aujourd'hui Melfi un centre de population considérable existait à une époque plus antique, aux temps de l'indépendance Apulienne. Le fait est prouvé par les nombreux tombeaux de cet âge que les paysans mettent au jour en remuant la terre dans les champs qui entourent la ville. J'ai eu l'occasion de voir une certaine quantité de monnaies d'argent et de vases découverts dans ces tombeaux et appartenant à différents propriétaires de Melfi. Dans ces objets il n'y avait rien de romain. Tous les vases que j'ai vus sont de petite dimension, sans importance, mais la succession des époques de la céramique peinte depuis ses origines dans le pays jusqu'à la fin du IIIe siècle avant J.-C. y est représentée dans toutes ses phases. Ce qui m'y a le plus intéressé, ce sont les échantillons nombreux de la poterie apulienne à dessins géométriques exécutés en couleurs vitrifiables sur un engobe argileux blanchâtre, dont la ressemblance avec celle de Cypre est si étroite, poterie que j'ai déjà observée à Canosa dans un précédent voyage et dont M. Viola a trouvé des fragments à Tarente. Les faits que j'ai constatés à Canosa établissent que, malgré son apparence archaïque, la fabrication et l'usage s'en sont continués chez les indigènes de l'Apulie jusque pendant l'époque où ils recevaient par voie d'importation les beaux vases grecs à figures rouges.

La Melfi actuelle n'a pas d'industrie ; les quelques gens de métier qu'on y compte sont pour la plupart en même temps cultivateurs. Tout son commerce, qui a une certaine activité, consiste en produits agricoles des campagnes environnantes. Comme les autres villes de la Pouille, surtout celles qui se trouvent situées dans l'intérieur des terres et ne sont pas en même temps ports de mer, celle-ci n'est habitée que par des propriétaires ruraux, presque tous nobles, car il n'y a pas à proprement parler de bourgoisie, et par des paysans, simples ouvriers agricoles d'une condition fort misérable, qui chaque matin partent avant l'aube pour aller travailler dans les champs, souvent à plusieurs lieues de distance, et ne reviennent qu'au coucher du soleil. Rien de plus pittoresque que le spectacle qu'offre à la brune la rue du faubourg, au moment de leur rentrée. Hommes et femmes remontent alors en troupes d'un pas lent et fatigué, portant sur l'épaule la houe et la bêche avec lesquelles ils ont foui le sol, et sur leur tête des paniers de grains ou de fruits, ou bien des bottes de verdure destinée à la nourriture des animaux, poussant devant eux de petits ânes alertes qui trottinent surchargés de légumes, de corbeilles de vendange, de sacs de grain, de fagots coupés dans les bois voisins. Quelques-uns de ces paysans portent dans leurs bras les petits enfants qu'ils ont emmenés dans les champs et se penchent sur eux avec une touchante expression de tendresse. D'autres enfants, un peu plus grands, laissés à la maison, accourent au devant de leurs parents et se jettent à leur cou avec des cris joyeux qui se mêlent au meuglement des vaches et au bêlement des moutons que les bergers ramènent de la pâture, aux aboiements de leurs chiens et au tintement des grosses clochettes de leurs bestiaux. A ce moment, tout est bruit et mouvement de fête ; pour augmenter le tumulte, auquel se plaisent tous les peuples méridionaux, des gamins font partir des pétards dans la rue, des cabarets on entend sortir des chants et le bruit des tambours de basque, car la jeunesse va se délasser en dansant du labeur de la journée. C'est là un spectacle qu'on retrouve dans toutes les villes de la contrée, mais on ne s'en lasse pas, et surtout la première fois qu'on en est témoin il ravit le voyageur, qui n'a rien vu de semblable sous nos climats.

RAPOLLA

En quittant Melfi pour aller à Venosa nous n'avons pas pris la voie la plus directe. Nous voulions en effet, visiter Rapolla, ancienne ville située à fort peu de distance. On s'y rend par une route serpentant au travers des ondulations de terrain mouvementées qui se rattachent au pied du Vulture, généralement à la hauteur de la lisière des plantations d'oliviers et des bois de châtaigniers qui leur succèdent. De plusieurs tournants de cette route on a en arrière une belle perspective de Melfi, qui permet d'en voir l'ensemble.

Rapolla est pittoresquement située au bord d'un ravin profond, sur un rocher escarpé qui se rattache par une sorte d'isthme plus bas à des collines boisées. Avant l'invention de l'artillerie c'était une magnifique assiette de forteresse. Pline la mentionne sous le nom de Strapellum parmi les cités des Dauniens dans l'intérieur des terres. Sous l'Empire c'était un municipe, et l'on y a trouvé quelques inscriptions latines avec d'autres antiquités, principalement au lieu dit Albero in Piano, où paraît avoir été la nécropole. Au moyen âge, Rapolla eut pendant plusieurs siècles une importance considérable. Un évêché, suffragant du siège métropolitain de Bari et de Canosa, y fut établi entre 1028 et 1037, encore sous la domination des Byzantins. Aujourd'hui ce n'est qu'un village qui compte à peine plus de mille habitants mais qui offre au voyageur dans sa cathédrale une remarquable église de style original, à trois nefs voûtées en arêtes, dessinant avec le transept un plan en forme de croix latine.

Cette cathédrale a été bâtie dans la première moitié du xiiie siècle. Le campanile, de forme élancée et d'une belle architecture, en est la partie la plus ancienne. L'architecte Sarolo (1), de Muro dans la Basilicate, l'a construit en 1209 par les ordres de l'évêque Riccardo, comme le dit une

---

1. Ce nom est normand; la forme française en est Sarule.

inscription latine en huit vers léonins, gravée entre deux bas-reliefs, superposés l'un à l'autre. Ces bas-reliefs fort barbares, sont intéressants pour l'histoire, de l'art et de nature à réfuter les théories de ceux qui, par patriotisme local, ont prétendu que la première renaisssance de la sculpture en Italie était sortie de la Pouille. J'ai dit plus haut que l'origine apulienne de Nicolas de Pise, telle qu'un moment l'admirent de très graves critiques, ne supportait plus l'examen, que le père de ce glorieux maître n'était pas, comme on l'avait cru, natif de la Pouille, mais d'Apulia en Toscane. Nicolas lui-même est essentiellement Toscan de génie et d'éducation, et quant à son œuvre, inspirée par l'étude passionnée des monuments antiques qu'il pouvait voir à Pise, elle est aussi personnelle et aussi originale que possible. Que l'on compare ses bas-reliefs avec ceux du campanile de Rapolla, et l'on verra qu'il n'est pas l'héritier d'une tradition apportée du midi de l'Italie. Aucun lien de filiation n'existe entre la sculpture de la Pouille au XIIe et XIIIe siècles et celle du grand novateur de Pise. L'un des bas-reliefs de Rapolla représente la Tentation d'Adam et d'Ève, l'autre l'Annonciation. Sur le bord supérieur du cadre du premier, deux des vers léonins ont trait à la réparation par la nouvelle Ève du mal fait à l'humanité par l'ancienne. Les travaux de l'église furent terminés en 1253 par l'évêque Giovanni II. L'architecte Melchiore exécuta en cette année le beau portail de la façade, aux colonnes de marbre provenant de quelque édifice antique; nous l'apprenons encore par une inscription latine de neuf vers.

L'année suivante, en 1254, Rapolla était prise d'assaut et dévastée de la manière la plus cruelle par son propre seigneur, Galvano Lancia. Celui-ci avait commandé aux habitants de reconnaître comme régent du royaume son neveu Manfred, auquel venaient de se soumettre les villes voisines d'Acerenza et de Venosa. Mais les habitants de Rapolla, excités par leur évêque, refusèrent et tinrent en faveur du Pape Innocent IV. Il fallut pour en venir à bout un siège en règle, car la place était forte, et après la défaite ils furent traités en rebelles avec la dernière rigueur. Le bruit de leur chute entraîna immédiatement la soumission de Melfi, Bari et Trani. A dater de cette catastrophe, Rapolla commença à décliner. Cependant, au xiv° siècle, elle fournissait encore huit hommes d'armes, autant qu'Ascoli, au roi Robert, pour l'armée qu'il voulait opposer à l'empereur Louis de Bavière. Mais en 1355, dans les guerres de Jeanne Ire et de Louis de Hongrie, Rapolla fut encore mise à sac par le comte Lando, cent ans après son premier désastre, et cette fois elle ne se releva pas. Au xvie siècle ce n'était plus, comme aujourd'hui, qu'un village, lorsqu'en 1528 le Pape Clément VII réunit la dignité d'évêque de Rapolla sur la même tête que celle d'évêque de Melfi. Les choses se sont maintenues depuis lors en cet état; mais Rapolla garde toujours le chapitre de sa cathédrale, et les deux diocèses sont restés séparés, ayant chacun une administration distincte sous le même évêque. Parmi les paroisses de celui de Rapolla on compte Atella, localité antique qui fut au ive siècle, et non pas, comme on le dit souvent, la ville homonyme de Campanie, la patrie du fameux Julien, évêque d'Æclanum, l'un des plus ardents fauteurs de l'hérésie de Pélage. Saint Augustin, qui le traite d'Apulien, est formel à cet égard.

Pour continuer à suivre les grandes routes en gagnant Venosa, il nous aurait fallu faire un détour considérable à partir de Rapolla et gagner le bourg de Barile, habité par une population d'origine partie albanaise et partie grecque, distinguée encore aujourd'hui en Scutriali et Coronei. Ce bourg a été, en effet, fondé en 1492 pour recevoir une des colonies de Schkypétars qui émigrèrent de leur pays au royaume de Naples après la conquête turque. Ceux qu'on établit à Barile étaient des Guègues des environs de Scutari. En 1534, Charles-Quint leur joignit un essaim des habitants grecs de Coron en Messénie, qui s'étaient embarqués en masse devant la crainte des vengeances des Osmanlis, lorsqu'André Doria dut abandonner leur ville un moment conquise par sa flotte. Enfin, en 1647, la colonie orientale de Barile fut encore grossie par une portion de ceux des Maniotes qui vinrent à leur tour, sous Philippe IV, chercher un asile dans le Napolitain. Pendant longtemps il y eut une différence religieuse entre les deux parties de la population. Les Scutriali étaient de rite latin, comme tous les gens du nord de l'Albanie, les Coronei de rite grecque ; c'est seulement dans la seconde moitié du siècle dernier qu'ils furent tous ramenés à l'uniformité du latin. Aujourd'hui l'usage de la langue grecque a complètement disparu à Barile, mais l'Albanais se maintient encore chez les vieillards.

Je note sur mon carnet ces renseignements que

l'on me donne à Rapolla, car je n'ai pas poussé jusqu'à Barile. En sortant de Rapolla, pour abréger, nous dévalons par une abominable traverse dans un ravin rempli d'une abondante verdure. Nous rejoignons ainsi très rapidement la route royale d'Eboli à Barletta par Cerignola, que nous suivons pendant quelque temps dans la direction du nord, en descendant la vallée d'un torrent appelé Fiumara di Rapolla jusqu'au point où il se réunit à une autre rivière, la Fiumara di Venosa, affluent de l'Ofanto. A cet endroit nous avons devant nous la plaine de la Capitanate, que nous touchons par son extrémité sud-est; tout près, de l'autre côté de la rivière, nous distinguons Lavello, sur la continuation de la grande route, qui monte quelque peu pour atteindre le plateau où est bâtie cette ville. Mais au lieu de poursuivre dans cette direction, nous tournons à droite sur une autre route qui remonte la vallée de Fiumara di Venosa en s'élevant graduellement sur le flanc de la colline de sa rive gauche. Cette rivière est le *pauper aquae Daunus* d'Horace et nous constatons l'exactitude du poète en voyant son lit presque à sec. Le fond de la vallée et les pentes qui la bordent sont absolument dénudées, dépourvues d'arbres et même de buissons; il n'est pas possible de voir rien de plus triste et de plus désolé. Ajoutons que ces champs sans verdure à l'époque où nous les parcourons sont déserts; c'est à peine si de loin en loin nous rencontrons un pâtre ou un paysan qui chemine solitaire. De l'autre côté de la vallée est le plateau de Lavello, puis, plus au sud-est, commencent les ondulations plus prononcées, mais aussi stériles, aussi nues, toutes de pierre grise, de la partie des Murgie sur l'autre revers desquelles sont Minervino et Castel del Monte, le célèbre château de plaisance de Frédéric II, transformé ensuite en prison pour ses petits-fils.

VENOSA

Arrivés au sommet de la côte, nous nous éloignons momentanément de la vallée pour traverser en diagonale pendant quelques kilomètres un plateau monotone et toujours sans arbres. Enfin nous arrivons au bord d'un vallon où recommencent les plantations et dans les flancs duquel on voit taillées d'anciennes carrières. De l'autre côté, les maisons de Venosa, blanches et à toits plats en terrasses comme celles d'une bourgade d'Orient, couronnent l'esplanade d'une colline formant promontoire. Nous descendons dans le vallon et bientôt, après l'avoir traversé, nous gravissons la colline au milieu des vignes, des oliviers et des amandiers qui en garnissent la pente. Nous arrivons ainsi à l'entrée de la ville, que défendait un château flanqué de quatre tours rondes aux mâchicoulis en forte saillie, tel que le Château-Neuf de Naples et généralement tous ceux qu'au xv⁰ siècle on construisait dans la contrée. Ce château, maintenant démantelé, est l'œuvre de Pirro del Balzo, duc d'Andria, prince d'Altamura, seigneur de Venosa et de beaucoup d'autres villes, le dernier mâle de la branche napolitaine de la maison provençale des Baux, plus illustre encore par ses destinées que la branche française. On sait qu'il fut au nombre des grands seigneurs que le roi Ferdinand Ier d'Aragon fit exécuter en 1487, à la suite de la fameuse Conjuration des barons. C'est lui qui, en 1470, avait fait commencer les travaux de la cathédrale de Venosa, terminée en 1522. Le château bâti par Pirro del Balzo a une page glorieuse dans l'histoire de la guerre de Charles VIII au royaume de Naples. Avec Monte Sant'Angelo, où commandait le vaillant Domjulien, ce fut la dernière place où se maintint obstinément une garnison française quand depuis longtemps tout le reste du pays était perdu pour les nôtres. Elle ne se rendit qu'en mars 1497, trois mois après la capitulation de Tarente, cinq après celle de Gaëte, sept après celle de Stuart d'Aubigny, neuf après la reddition de Montpensier à Atella, près de deux ans enfin après que le roi de France avait abandonné Naples.

Venusia, dont le nom s'est conservé presque sans altération dans celui de Venosa, était une des principales villes du peuple des Dauniens, à l'extrémité sud de la ligne par laquelle leur territoire touchait à celui des Peucétiens, et en même temps une des places frontières entre l'Apulie et la Lucanie. Au commencement du III° siècle avant notre ère, époque où son nom commence à apparaître dans l'histoire, elle était tombée au pouvoir des Samnites. C'est sur eux qu'en 292 le consul L. Postumius la prit de vive force, massacrant une grande partie des habitants qui, nous dit-on, étaient riches et nombreux. L'année suivante, le Sénat, appréciant la valeur de la position stratégique, y fonda une colonie de droit latin. Les écrivains qui parlent de sa fondation disent qu'on y envoya 20,000 colons, chiffre qui semble fort exagéré par rapport à ce qu'étaient d'ordinaire les établissements de ce genre. En tout cas, la colonie de Venusia, à laquelle on assigna un territoire étendu, pris en partie sur l'Apulie et en partie sur la Lucanie, fut dès ses débuts une des plus considérables qu'eût créées la politique romaine. Elle parvint rapidement à un très haut degré de prospérité, qu'atteste son monnayage commençant, comme celui de Luceria, pendant la période où l'as romain avait encore le poids d'une livre.

Un peu moins de quatre-vingts ans après sa fondation, la colonie de Venusia ne rendit pas à Rome, dans les péripéties de la seconde guerre Punique, moins de services que Luceria. C'est là que le consul Terentius Varro se réfugia avec 700 cavaliers seulement après le désastre de Cannes et parvint en quelques jours à rassembler un petit corps de 4,000 hommes, fuyards du champ de bataille ou gens de la ville. Sept ans plus tard (209 avant J.-C.), quand la plupart des colonies latines, fatiguées des sacrifices de la guerre, se refusèrent à les continuer, Venusia fut du nombre des dix-huit qui se déclarèrent prêtes à fournir des soldats et de l'argent tant que la mère patrie en aurait besoin. Elle devint alors, pendant quelques années, le quartier-général des commandants romains opérant dans le sud de l'Apulie contre Hannibal et essayant de le refouler chaque jour davantage vers la péninsule du Bruttium. Cette fidélité de dévouement coûta cher à la ville, car à la fin de la guerre elle était si dépeuplée d'hommes qu'il fallut y envoyer un nouvel et nombreux essaim de colons pour combler les vides qu'y avaient faits les batailles. Mais bientôt Venusia reprit toute sa prospérité. Il en fut de même après la guerre Sociale, à laquelle elle prit une part active. Comme toutes les villes de droit latin, elle avait grand intérêt à la réalisation du but que poursuivaient les confédérés italiens; elle avait souffert des mêmes griefs. Aussi prit-elle parti pour eux dès le début de l'insurrection, et elle devint alors leur principale place d'armes dans le sud de l'Italie. La seconde année de la guerre, le préteur romain Cosconius ravagea systématiquement le territoire de la ville; mais il ne parvint pas à la prendre. Sa soumission fut postérieure et pacifique.

Il est facile de se rendre compte des causes qui permettaient à Venusia de se relever toujours vite. A partir du moment où la prise de Tarente, en 272 avant Jésus-Christ, et la fondation de la colonie de Brindes, en 244, eurent fait prolonger la Voie Appienne depuis Bénévent jusqu'à l'un et l'autre de ces deux ports de mer, Venusia était devenue l'une des principales stations de la grande artère des communications entre Rome et l'Orient, vers lequel se dirigeait désormais l'effort de sa politique. C'était le point où se séparaient les deux branches de la voie allant vers Brundisium et vers Tarente. Naturellement elle y trouvait l'occasion d'un grand commerce. Cicéron cite à plusieurs reprises Venusia comme un lieu où on avait l'habitude de se reposer quelques jours en se rendant à Brundisium, quand on n'était pas trop pressé. Lui-même y possédait une de ses nombreuses villas, et sa correspondance contient une lettre qui en est datée. A l'époque du second Triumvirat, on établit à Venusia une colonie de vétérans, au détriment des anciens habitants, qui virent confisquer une partie de leurs terres pour être distribuées aux nouveaux venus en récompense de leurs services dans la guerre civile. Au moment des invasions barbares, elle n'avait rien perdu de son importance et de sa richesse : c'était toujours une des premières de cette région de l'Italie.

Parmi les citoyens de Venusia dépouillés de leurs biens au profit des vétérans des Triumvirs, était le fils d'un riche affranchi employé dans les administrations publiques. Il était né en 65 avant Jésus-Christ, sous le consulat de L. Manlius Torquatus et de L. Aurelius Cotta ; son nom était Q. Horatius Flaccus. Grâce à la générosité de son père, il avait reçu une brillante éducation littéraire à Rome et à Athènes; puis, adoptant la carrière des armes, il avait embrassé le parti des meurtriers de César. Avec le grade de tribun légionnaire, il avait combattu sous Brutus à Philippes, et il n'y avait très probablement pas fait la piteuse figure dont il avait plus tard la petitesse de se vanter pour s'en faire un mérite à la cour d'Auguste. Revenu en Italie et se trouvant privé de son patrimoine, ce fut la pauvreté, il le dit lui-même, qui le décida à venir chercher fortune à Rome et à y tirer parti de son talent naturel pour la poésie.

> *Decisis humilem pennis inopemque paterni*
> *Et Laris et fundi paupertas impulit audax*
> *Ut versus facerem.*

Le nom d'Horace suffit à la gloire de Venusia. Le grand poète, fixé à Rome et commensal de Mécène, passant les chaleurs de l'été dans sa modeste maison de campagne de la Sabine, ne paraît pas être retourné souvent dans sa patrie (1), ni au-

1. Son ode à la source de Bandusia, qui appartient à une époque de sa vie où l'on a peine à placer un voyage à Venusia, est composée comme en vue d'un sacrifice à célébrer auprès d'elle. Est-ce en imagination seulement qu'il s'y transporte par une fantaisie de poète? La question dès l'antiquité préoccupait les commentateurs.

trement qu'en passant pour aller dans sa chère Tarente, dont il aimait les hivers si doux. Même dans le voyage qu'il fit jusqu'à Brundisium à la suite de Mécène, en compagnie de Virgile et de Varius, et qu'il a raconté dans ses Satires, c'est de loin seulement qu'il salua ses montagnes natales. Mais il ne les avait pas oubliées. Ses poésies sont pleines d'allusions aux paysages qui avaient les premiers frappé ses yeux, au milieu desquels il avait été nourri. Il se plaît à rappeler un prodige qui aurait marqué son enfance dans les bois du Vulture, sur le flanc lucanien de la montagne, prodige qui, malheureusement pour sa crédibilité, ressemble trop à ceux qu'on racontait de Stésichore, de Pindare et de Platon.

> *Me fabulosae Vulture in Apulo*
> *Altricis extra limen Apuliae,*
> *Ludo fatigatumque somno,*
> *Fronde nova puerum palumbes*
> *Texere, mirum quod foret omnibus.*

On vous montre à Venosa quelques méchants restes de pans de murs romains, fort postérieurs, d'après leur construction, à l'époque du poète, que l'on décore du nom de *Casa di Orazio*. Quand une ville a donné le jour à une telle renommée, elle aime à s'imaginer qu'elle en possède une relique matérielle. Du moins, la prétendue maison d'Horace à Venosa est une ruine antique; ce n'est pas une masure du xvi⁰ siècle comme la *Casa di Virgilio* qu'on fait voir à Brindisi.

Ce qui, du reste, est étrange avec l'importance et la richesse qu'elle a eue pendant plus de sept siècles, c'est que Venosa n'a gardé debout aucun monument romain. Tous ceux qu'elle possédait ont été rasés jusqu'aux fondements. Aussi son château, ses églises de quelque époque qu'elles soient, toutes les maisons de ses rues tortueuses et étroites sont bâtis avec des fragments antiques. A chaque pas on y rencontre une inscription intéressante ou un fragment d'architecture, architrave, tronçon de colonne, chapiteau. Même chaque pierre non inscrite et non moulurée porte incontestablement la marque de l'outil du tailleur de pierre romain. L'épigraphie latine de cette ville est d'une merveilleuse richesse et a depuis longtemps attiré l'attention des érudits. Les monuments en ont été recueillis d'abord par Cimaglia, écrivain consciencieux, mais dont l'érudition laisse à désirer, puis à la fin du siècle dernier par l'évêque Lupoli, dont la bonne foi n'était malheureusement pas en rapport avec le caractère sacré dont il était revêtu ; enfin de nos jours par M. Mommsen. Venosa est en particulier une des localités qui ont fourni le plus d'inscriptions remontant au temps de la République et comptant parmi les plus anciens monuments épigraphiques de la langue latine.

Ce qui a été funeste aux édifices romains de Venosa, ce qui a causé leur destruction, c'est que la ville garda de l'importance pendant le moyen âge et que l'on continua d'y bâtir en exploitant les ruines antiques comme carrières. Du temps des Longobards, c'était une des principales forteresses dépendant du castaldat d'Acerenza. Au ix° siècle, elle fut détruite dans une des incursions des Sarrasins de Bari ; mais, peu après, l'empereur Louis II la rebâtit, à l'époque où il vint en Pouille faire le siège de la cité maritime, où les Arabes s'étaient installés. Venosa appartint à la principauté de Bénévent jusqu'à l'époque des conquêtes de Basile II en Italie ; elle passa aux mains des Byzantins et se donna enfin aux Normands dès 1041. Ils remportèrent sous ses murs leur première victoire sur les Grecs.

La bataille eut lieu le 17 mars 1041. A la nouvelle de l'occupation de Melfi, le catapan Michel

Dokéanos avait rassemblé tout ce qu'il pouvait trouver de troupes sous sa main. C'étaient principalement la légion du thème d'Obsequium et des mercenaires russes et varanges. Leur nombre était énorme par rapport à celui des Normands, qui ne pouvaient leur opposer que sept cents chevaliers et trois mille fantassins, ces derniers volontaires de Melfi, Venosa et des localités voisines. Avant d'engager la bataille, le catapan somma les Normands d'avoir à vider immédiatement le pays, auquel cas on les laisserait opérer paisiblement leur retraite en leur fournissant même des provisions de route, sinon ils serait attaqués le lendemain. Le parlementaire grec était monté sur un magnifique cheval. En entendant les paroles dont il était porteur, un des chefs venus de Normandie, Hugon Toutebonne, qui deux ans après devint comte de Monopoli, entrant dans une violente colère, lui répondit : « Va dire à celui qui t'envoie ce qu'est la vigueur des bras dont il va affronter les coups. » Et levant son poing fermé sans mettre son gantelet de fer, d'un seul coup sur la tête il assomma le cheval. On en donna un autre au parlementaire, qui retourna tout tremblant vers Dokéanos raconter ce qui venait de se passer. Le lendemain la bataille était livrée et la ruse des Normands déjouait la tactique savante des Grecs. Ils avaient appris à la connaître en guerroyant à côté d'eux en Sicile. Les Russes et les Obséquiens firent preuve d'une grande solidité ; ils se laissèrent tailler en pièces sans reculer. Mais les autres troupes prirent la fuite au premier choc. Le catapan lui-même leur donna le signal de la déroute, et, coupé de Bari, gagna en toute hâte Montepeloso avec les débris de son armée.

Ce sont les commencements de la domination des Normands qui ont légué à la ville de Venosa les monuments auxquels le poète Guillaume de Pouille fait allusion quand il la qualifie en des termes encore vrais aujourd'hui :

Urbs Venusina nitet tantis decorata sepulcris.

En 942, Gisulfe I*er*, prince de Salerne, y avait fondé une abbaye de bénédictins dédiée à la sainte Trinité. Parmi les fils de Tancrède de Hauteville, Drogon reçut la seigneurie de Venosa au partage de la Pouille. Quand il eut été assassiné, son corps fut enterré, non à Melfi, mais dans sa ville propre et dans l'abbaye de la Trinità (1). Ce fut sans doute

1. La tradition de Venosa prétend que Guillaume Bras-de-

là ce qui décida Robert Guiscard à y choisir le lieu de sa propre sépulture. Avec l'assentiment du Pape Alexandre II, il institua comme abbé un moine normand, Bérenger, fils d'Ernoult, et il dota le monastère de possessions très étendues qu'augmenta encore, en 1093, le grand comte Roger. Un fait donnera l'idée du développement de ces possessions; dans le catalogue des barons qui, sous le roi Guillaume II, prirent part à l'expédition de Terre-Sainte, l'abbé de la Santa-Trinità de Venosa est cité comme ayant fourni trente chevaliers et deux cent trente sergents de ses différents fiefs.

Les bâtiments de l'ancienne abbaye de la Trinità sont situés sur le bord de la pente qui descend vers la Fiumara (ou Iumara, suivant la prononciation locale), au nord de la ville, dont les sépare une sorte de vaste esplanade herbue et solitaire, que j'ai vue animée seulement par les moutons que

---

Fer y avait été enterré avant Drogon. Mais ceci ne repose sur rien de sérieux et est tout à fait invraisemblable. La même tradition, enregistrée dans une inscription de date récente peinte auprès du tombeau de Drogon et de Robert, confond Guillaume, comte du Principato, le dernier né des fils de Tancrède de Hauteville, qui fut en effet inhumé à Venosa, avec l'un des rois Guillaume de Sicile, dont la sépulture est à Monreale.

conduisait un berger. De là, on aperçoit par derrière la ville, à l'horizon, la crête dentelée des bords du cratère du Vulture se découpant sur le ciel. C'est du sommet de cette montagne que s'abat de temps à autre en rafales irrésistibles ce *ventus Vulturnus* des anciens, qui, soufflant au visage de l'armée romaine et l'aveuglant de tourbillons de poussière, contribua puissamment à lui faire perdre la bataille de Cannes. Le monastère et ses églises ont été principalement bâtis avec les pierres de l'amphithéâtre romain, qui se trouvait dans le voisinage; de distance en distance on retrouve dans les murailles des blocs portant trois ou quatre des grandes lettres de l'inscription monumentale de cet édifice, que l'on a pu restituer comme une sorte de jeu de patience. On y a également employé beaucoup de cippes funéraires antiques avec leurs inscriptions, et les pierres tombales d'un cimetière juif du ix° siècle, dont les épitaphes hébraïques sont d'une belle langue et d'un haut intérêt pour l'histoire. Les murailles de l'abbaye de la Trinità constituent donc à elles seules un véritable musée épigraphique d'un aspect profondément original.

Voici d'abord la grande église inachevée dont

Robert Guiscard avait entrepris la construction en
1065, pour se faire un mausolée digne de sa
gloire. Si les travaux avaient été conduits jusqu'à
terme, ce serait un édifice de premier ordre. Le
plan est entièrement français. Il dessine une croix
latine, de 70 mètres de longueur totale et de 24
de largeur, dans œuvre, avec un transept de 48
mètres de développement en largeur. La nef principale, bordée de douze énormes colonnes, six de
chaque côté, aux chapiteaux à feuillages imités de
l'ordre corinthien, d'un beau galbe et d'un travail
à la fois ferme et précieux, est longue de 38 mètres
et large de 11. Deux bas-côtés latéraux l'accompa-
gnent. Le chœur a 17 mètres de longueur, dans
œuvre. Par une disposition absolument étrangère
à l'architecture italienne de toutes les époques, et
qui provient directement de France, il est entouré
de piliers, derrière lesquels un bas-côté continu
fournit une circulation tout autour, en donnant
accès à trois chapelles absidales. Sous Robert
Guiscard, aucun architecte de la Pouille n'avait
encore eu le temps de se mettre à l'école des ultra-
montains; un plan semblable ne peut donc alors
avoir été conçu que par un maître constructeur
appelé d'au delà des Alpes comme l'abbé Bérenger

lui-même. Au moment où mourut Robert, les travaux du gros œuvre avaient été conduits jusqu'à la naissance des voûtes, et les chapiteaux de la nef sculptés. Interrompue alors, la construction ne fut jamais reprise, et, depuis huit siècles, l'édifice est resté dans le même état. De la vaste église inachevée et découverte on a fait un jardin rempli de treilles, d'orangers et de figuiers aux troncs énormes et noueux. Des vignes y grimpent le long des colonnes et marient leurs festons de pampres verts au feuillage de pierre des chapiteaux. Rien de charmant comme l'aspect de ce verger riant dans une imposante ruine.

Si l'exécution du plan de l'architecte de Robert Guiscard avait été achevée, il est évident que l'on aurait rasé l'église plus ancienne, laissée debout provisoirement pendant la construction de la nouvelle. Celle-ci, au contraire, a fini par rester seule affectée au culte, puisque l'édifice qui devait lui succéder n'a pas été mené à terme. L'église vieille est située dans l'axe même de la nef de la grande église inachevée, qu'elle semble prolonger en avant; ses proportions sont les mêmes en largeur et notablement moindres en longueur, son architecture est médiocre et lourde; elle est actuellement en contre-bas du sol environnant. Ses murs extérieurs paraissent être restés, sans presque avoir été remaniés, ceux de l'église qui avait été bâtie au x° siècle, lors de la fondation du monastère, église en forme de basilique latine avec narthex. Mais, à l'intérieur, le plan et les dispositions ont été changés. L'édifice a été, en effet, repris et modifié intérieurement à diverses reprises : d'abord au milieu du xi° siècle, travaux à la suite desquels le pape Nicolas II le consacra solennellement en 1059, lors du concile de Melfi ; ensuite en 1126, sous le duc Guillaume ; enfin dans des remaniements très modernes qui en rendent au premier abord le plan fort obscur, par suite des murs de refend établis pour ménager des chapelles fermées et des sortes de sacristies. Si l'on fait abstraction de ces additions maladroites, on reconnaît qu'à la suite de la dernière restauration, celle du xii° siècle, la disposition intérieure de l'église était la suivante. L'abside restait celle d'une basilique, avec son chœur empiétant sur le vaisseau même de l'édifice. En avant du chœur, ce vaisseau était divisé en trois nefs par de gros piliers de maçonnerie fortement moulurés que reliaient deux par deux, en travers de la nef centrale, comme à San-

Nicolao de Bari, de grands arcs bandés, dont la forme en fer à cheval est tout arabe. La maîtresse nef est ainsi formée de quatre travées transversales. Dans chacune d'elles, bordant la nef, les gros piliers ne se rattachent pas l'un à l'autre par un seul arc, mais bien par deux arcs successifs en ogive, dont la retombée commune est portée par une colonne de marbre provenant d'édifices antiques. Le tout est couvert d'un plafond de bois. Un campanile carré s'élève en avant de la porte de cette église, à laquelle sa partie inférieure forme un porche couvert.

C'est à l'intérieur, dans les nefs latérales, que sont les tombeaux des princes normands. Contre la muraille de droite, à la hauteur du milieu de l'église, une niche cintrée en *arcosolium*, grossièrement refaite à une époque qui n'est pas éloignée de nous, abrite un simple coffre de pierre de forme rectangulaire, sans aucune sculpture, où l'on dit que reposent Drogon et Robert Guiscard. La main d'un barbouilleur moderne a peint au fond de la niche deux figures ridicules de chevaliers et tout auprès une inscription, remplie des plus grosses erreurs historiques. On n'a pas rétabli l'ancienne épitaphe de Robert en vers léonins, curieuse par son emphase boursouflée et par la pédanterie avec laquelle le clerc qui l'a composée y employait à tort et à travers des noms de la géographie antique : « Celui-ci est Guiscard, la terreur du monde. Il a chassé de la Ville (de Rome) celui que les Ligures, Rome et les Allemands, tiennent pour roi (l'empereur Henri IV). Le Parthe, l'Arabe et la phalange des Macédoniens n'a pas mis Alexis (Comnène) à couvert de lui, mais bien la fuite. Quant au Vénitien, ni la fuite ni la mer ne l'ont protégé. » En face, de l'autre côté de l'église, est la tombe d'Albérade, celle-ci bien conservée. Un sarcophage de pierre, aussi simple que celui de son mari, renferme ses os. Il est placé sous un élégant fronton en saillie que portent deux colonnettes. L'épitaphe consiste en un distique latin d'une heureuse concision. « Albérade, femme de Guiscard, dit-elle, est enfermée dans ce cercueil. Si tu veux savoir qui fut son fils, c'est celui qui repose à Canosa. » Bohémond est, en effet, enterré dans un mausolée en forme de *turbeh* arabe, attenant à la cathédrale de Canosa. On ne pouvait donc dire d'une façon plus discrète à la fois et plus précise : Celle-ci est l'épouse répudiée, la mère du fils dépouillé par les intrigues de sa belle-mère; mais ce fils a été le héros de la Croisade.

L'abbaye de la Trinità de Venosa resta aux Bénédictins pendant la durée de la dynastie normande. Mais plus tard, on ne sait pas exactement à quelle date, peut-être sous Charles d'Anjou, le monastère fut donné aux Templiers, qui s'étaient montrés en Palestine ennemis si implacables de Frédéric II. A la suppression de leur ordre, il devint une commanderie de celui de Saint-Jean-de-Jérusalem et resta tel jusqu'à la prise de Naples par Bonaparte et la dispersion des chevaliers.

En avant de la porte de l'église je remarque gisant à terre un monument précieux pour notre archéologie nationale. C'est un cippe funéraire antique d'assez forte dimension, en forme de piédestal quadrilatère. Il ne porte malheureusement pas d'inscription, mais sur ses quatre côtés des sculptures qui montrent que c'était le tombeau d'un vétéran originaire de la Gaule, qui avait servi dans les cohortes gauloises que comptait l'armée romaine sous les empereurs. A la face antérieure on a sculpté son portrait en buste dans une niche et sur les trois autres côtés figuré les différentes pièces de l'équipement militaire et de l'ornement caractéristique de nos ancêtres. Il serait à désirer que la direction de l'École française de Rome fît exécuter un moulage de ce cippe pour le Musée de Saint-Germain.

En descendant à deux kilomètres de distance de la ville, sur la route qui continue au delà du monastère de la Trinità et mène au fond de la vallée de la Fiumara pour remonter ensuite vers Lavello, on visite une des principales curiosités archéologiques de Venosa. C'est la catacombe juive découverte en 1853. Partout où ils l'ont pu, les Juifs de l'Empire romain ont adopté ce mode de sépulture souterraine, qui se rapprochait des grottes funéraires de la Palestine. C'est à eux que les premiers chrétiens l'ont emprunté, à l'imitation du sépulcre du Christ. Bien que la catacombe de Venosa fût indiquée sur les *Guides* de Baedeker et de Murray, d'après ce que j'avais lu dans un savant et récent mémoire de M. Ascoli sur les anciennes sépultures israélites du midi de l'Italie, je croyais qu'elle était entièrement ruinée, et j'ai été agréablement surpris de la trouver encore exactement dans l'état où M. Hirschfeld l'avait vue et décrite il y a vingt-cinq ans. Elle est creusée dans un banc épais de tuf granulaire d'origine volcanique, de même nature que celui dans lequel ont été excavées les catacombes de Rome. Un premier couloir d'entrée donne accès à deux larges galeries parallèles entre elles, l'une plus longue que l'autre, qui y débouchent perpendiculairement ; d'autres leur succédaient plus avant dans les entrailles de la colline et sont obstruées par des éboulements ; on n'y a point pénétré, et elles réclameraient des fouilles régulières, qui probablement donneraient des résultats intéressants. Dans les deux galeries principales que l'on visite s'ouvrent à droite et à gauche des chambres plus ou moins profondes. Les parois des galeries et des chambres sont partout percées, comme celles des catacombes chrétiennes et juives de la campagne romaine, de ces niches horizontalement allongées et peu profondes, juste suffisantes pour recevoir un corps, que l'on appelle des *loculi*, et des niches plus grandes désignées par le nom d'*arcosolia*, qui dessinent un cintre au-dessus d'un sarcophage ménagé dans le tuf, sarcophage qui est ici toujours à deux ou trois places. En outre, le sol des galeries et des chambres, dans les catacombes de Venosa, est partout creusé de fosses serrées les unes contre les autres qui ont dû recevoir encore une nombreuse population de morts.

Toutes ces sépultures, dans les parois ou dans le sol, sont béantes. Les dalles de pierre ou les briques scellées qui les fermaient originairement ont été arrachées par des mains impies, soit celles des gens qui ont fouillé clandestinement les galeries il y a trente ans, soit celles de dévastateurs plus anciens. Il n'est pas possible d'arriver à des renseignements précis à cet égard. On a perdu de cette manière, il n'en faut pas douter, bien des inscriptions instructives, bien des documents du plus haut prix pour l'histoire. Mais il reste encore dans le fond des *arcosolia* des chambres donnant dans la galerie la plus étendue, sur l'enduit blanc dont on avait revêtu le tuf, un peu plus d'une quarantaine d'inscriptions tracées au pinceau en couleur rouge. Il y en a de latines, de grecques et d'hébraïques. Celles des deux premières classes sont écrites avec assez de soin, en grandes lettres capitales, dont la forme dénote l'époque, v° et vi° siècles de notre ère, le temps où nous avons les témoignages littéraires les plus précis sur les Juifs d'Apulie et leur grand nombre. L'hébreu est aussi d'un type ancien, fort précieux pour la paléographie.

Le latin des épitaphes de la catacombe est barbare; il présente toutes les corruptions du langage populaire, dont il devient ainsi un monument. Les cas de la déclinaison y sont complètement brouillés et les mots contractés, altérés d'une manière curieuse. On lit, par exemple : *Absida ubi cesquit Faustinus pater* pour *Absis ubi quiescit Faustinus pater*. Le grec n'est pas moins corrompu, et dans les fautes d'orthographe qui y fourmillent on sent l'influence de la lourde prononciation qu'il prenait en passant dans des bouches sémitiques. A la suite des inscriptions en latin et en grec, l'hébreu apparaît souvent, comme dans les catacombes juives de Rome, à l'état de courtes formules consacrées : « Paix ! » ou : « Paix sur Israël ! » ou bien encore : « Paix sur sa couche ! » Mais, ce qu'on ne voit pas à Rome, il y a dans la catacombe de Venosa quelques inscriptions entièrement tracées en caractères hébreux. C'est à dessein que je me sers de cette expression, car plusieurs établissent que, chez les juifs apuliens, il s'était formé alors quelque chose d'analogue au *Judenteutsch* de l'Allemagne d'aujourd'hui. On désigne sous ce nom un allemand bâtard écrit en lettres hébraïques, que les Israélites d'outre-Rhin emploient dans leurs correspondances entre eux et dans leurs livres de commerce.

De même, plusieurs des épitaphes peintes de Venosa dissimulent du grec sous leur écriture orientale. Ceci pourrait peut-être conduire à une conclusion assez importante pour l'histoire littéraire des Israélites dans les premiers siècles de l'ère chrétienne. On possède plusieurs manuscrits d'une ancienne version de la Bible en grec écrite avec des lettres hébraïques. Jusqu'ici l'origine en est absolument ignorée. Mais le fait que je signale serait de nature à faire tourner les yeux vers l'Apulie pour la recherche du pays d'où elle provient. Enfin plusieurs des inscriptions de la catacombe de Venosa sont en pur hébreu et attestent une renaissance de la culture de la langue sainte qui ne s'était encore produite à la même époque chez les Juifs d'aucun autre pays de l'Occident.

Ces épitaphes, en quelque langue qu'elles soient rédigées, appartiennent pour la plupart à une même famille, où les noms de Faustinus et de Faustina se transmettaient de père en fils et étaient les plus habituels. Cette famille tenait le premier rang parmi les Juifs de Venusia, car ses membres étaient décorés des titres *d'archisynagogus,* *pater* et *presbyter,* qui indiquent des échelons hiérarchiques divers parmi les chefs de la communauté ; ils comptaient aussi, malgré leur religion, parmi les principaux de la cité, *majures cibitatis*, comme on lit dans un de ces textes pour *majores civitatis*. Un autre, point au-dessus de la tombe d'une jeune fille de quatorze ans, est le plus ancien texte épigraphique qui cite comme officiants des rabbins avec des *apostoli*, fonction dont la mention disparaît de bonne heure. *Quei (cui) dixerunt trhnus (threnos) duo apostuli et duo rebbites*, dit cette épitaphe dans son latin barbare.

Un peu plus bas en descendant vers la vallée, au-dessous des bancs de déjections volcaniques, on observe une assise d'alluvions quaternaires. En y fouillant pour extraire du sable, on a rencontré des haches de silex simplement éclaté du type de Saint-Acheul, pour me servir du terme adopté dans les classifications de l'archéologie préhistorique. Elles y étaient associées, comme sur les bords de la Somme, à des ossements de grands pachydermes. Ainsi Venosa joint à ses souvenirs historiques de l'antiquité romaine et du moyen âge des vestiges du plus ancien passé de l'espèce humaine, bien des milliers d'années avant toute histoire écrite, alors que le climat et le sol n'avaient pas encore pris leur physionomie d'aujourd'hui, quand le Vulture, en pleine activité volcanique, projetait au loin ses cendres et ses pierres ponces.

BANZI

Dans l'antiquité, la *Via Herculia*, élevée par Dioclétien et Maximien Hercule au rang des grandes voies de l'empire, conduisait en ligne directe de Venusia à Potentia (Potenza) par Lagopesole, où l'on a retrouvé une de ses bornes milliaires. Cette voie n'existe plus, et aujourd'hui la plus courte entre les deux mêmes points est la route provinciale qui passe par Forenza et Acerenza. Je tenais à visiter Acerenza; mais l'intérêt de Forenza est tout à fait secondaire. J'ai préféré faire un détour assez long pour aller chercher des lieux qui offraient plus de souvenirs historiques et surtout accomplir une sorte de pèlerinage poétique à ceux qu'Horace a chantés.

C'est donc par la route provinciale menant à Gravina que nous sommes sortis de Venosa, et nous avons suivi cette route pendant deux heures jusqu'à Palazzo, bourg prospère de plus de 4,000 habitants. Elle court presque en ligne droite vers l'est, suivant à peu de choses près le tracé de l'antique Voie Appienne dans son parcours entre Venusia et Silvium, ville des Peucétiens sur la frontière de la Lucanie, dont l'emplacement est marqué par les ruines de Garagnone, quelques lieues à l'orient de Palazzo, entre Spinazzola et Gravina (l'ancienne Blera). La route n'est que montées et descentes; c'est une succession de croupes et de ravins que l'on coupe les uns après les autres, en s'élevant davantage à chaque fois. Le déboisement s'étend encore à ce canton, mais on aperçoit à chaque distance sur la droite des forêts, qui dans l'antiquité venaient jusque-là. C'est ce qui résulte positivement des récits des historiens sur la mort du consul M. Claudius Marcellus dans la seconde guerre Punique. Ce grand homme de guerre, le vainqueur de Syracuse, opérant contre Hannibal sur la limite de l'Apulie et de la Lucanie, avait en 208 av. J.-C., avec son collègue T. Quinctius Cispinus, établi son camp entre Venusia et Bantia, bien évidemment auprès de la ligne de la Voie Appienne, dont il devait tenir à s'assurer la possession. Hannibal l'attira dans une embuscade qu'il lui avait dressée au fond d'un des ravins du voisinage, couverts de bois épais. C'est là que Marcellus succomba, non dans une grande bataille, mais dans une simple escarmouche.

Un peu au delà de Palazzo, vers l'est, dans la direction de Spinazzola et de Garagnone, se trouve la belle source de la Fontana Grande, appelée *Fons Bandusinus* dans un diplôme de 1103. C'est donc celle à laquelle Horace a consacré une de ses odes :

O fons Bandusiæ, splendidior vitro.
. . . .
Te flagrantis atrox hora Caniculæ
Nescit tangere, tu frigur amabile
Fessis vomere tauris
Praebes et pecori vago.

Les eaux en sont, en effet, aussi claires qu'abondantes, et d'une fraîcheur délicieuse.

Au sud de Palazzo s'étend la vaste et magnifique forêt de Banzi, les *saltus Bantini* d'Horace, trop longtemps le repaire classique des brigands de la frontière de la Pouille et de la Basilicate. Autrefois on ne la traversait pas sans terreur, et des étrangers qui n'auraient pas négocié l'acquisition d'un sauf-conduit auprès des *manutengoli* des malandrins, auraient été sûrs de se voir impitoyablement rançonnés. Il n'y a pas plus de six ou sept ans que les dernières bandes y ont été détruites. Aujourd'hui nous la parcourons avec la plus entière sécurité.

Avant d'y pénétrer nous avons l'occasion de jeter un coup d'œil sur l'aspect général du pays que nous allons parcourir, d'un point où la vue l'embrasse dans son étendue jusqu'à une assez grande distance. C'est un plateau situé déjà à une hauteur considérable et en partie couvert de bois. Il semble uni, car les nombreuses et profondes vallées qui s'y creusent et le coupent en tout sens échappent à notre regard, lequel court à sa superficie. Celle-ci s'élève graduellement dans la direction du sud jusqu'à ce qu'elle se termine à l'extrême horizon par une barrière de plus hautes montagnes. Du milieu de cette apparence de plateau surgissent notablement au-dessus de tout ce qui les environne deux pitons coniques surmontés chacun d'une ville à laquelle on croirait impossible d'accéder, Forenza d'abord, la plus rapprochée de nous, puis Acerenza, plus reculée dans le sud. Horace a parfaitement caractérisé en quelques mots la situation de cette dernière, lorsqu'il l'appelle *celsæ nidus Acheruntiæ*. Mais lorsque ses vers sur ce canton vous reviennent à la mémoire, on est étonné sur le premier moment de ce qu'il parle de *l'arvum pingue humilis Ferenti* ; ceci désigne, en effet, une ville bâtie dans un fond, et non sur une montagne escarpée. C'est que la Forenza du moyen âge et de nos jours a bien hérité du nom du Ferentum romain, mais n'occupe pas le même site. Les ruines de Ferentum se voient à 3 kilomètres environ plus au nord, dans la direction de Venosa, au milieu d'une petite plaine basse et encaissée. Comme il est arrivé sur une infinité de points de l'Italie méridionale, lors des invasions des barbares, des dévastations des Lombards et des Sarrasins, ce qui survivait de la population de la ville antique abandonna ses foyers, trop facilement ouverts à toutes les incursions, pour chercher un refuge sur une hauteur presque inaccessible.

La forêt, où nous cheminons près de deux heures, est vraiment splendide. C'est une forêt de nos pays. L'altitude à laquelle elle est située ne permet déjà plus la croissance spontanée des essences d'arbres propres aux contrées méridionales ; celles de climats plus sévères y poussent seules. Je retrouve dans les grands bois de Banzi nos chênes au port majestueux, nos hêtres au tronc grisâtre plaqués de lichens, nos châtaigniers chargés de leurs hérissons; j'y retrouve les taillis enchevêtrés de ronces de nos forêts et leurs futaies séculaires, les clairières herbues ou garnies de fougères et de mousses, avec leurs senteurs vivifiantes, leur arome pénétrant et particulier. De vrais tapis de cyclamens roses diaprent le sol sous les taillis ; comme nous sommes à l'automne, c'est la seule fleur qu'il y ait encore, avec les colchiques violets dans l'herbe des fonds marécageux, à l'ombre des aunes. S'il n'y a plus de brigands dans la forêt, les loups y sont très multipliés, et particulièrement féroces, me dit-on. Ceci n'empêche pas, du reste, les habitants des communes limitrophes d'y envoyer leurs bestiaux; car elles ont depuis le moyen âge un droit de paissance que déplore l'administration forestière et qui fait effectivement beaucoup de mal aux bois. Les grands chiens blancs des pâtres, aussi hauts et aussi forts que les loups, sont, du reste, dans ce pays dressés à les combattre avec avantage. La forêt de Banzi, propriété de l'État, abonde encore en chevreuils, en cerfs, en sangliers et généralement en toute espèce de venaison.

Elle devait son appellation antique de *saltus Bantinus* à Bantia, ville que Tite-Live et Acron, dans ses scholies sur Horace, attribuent à l'Apulie, tandis que Pline, plus exactement, la compte dans la Lucanie. Bantia, détruite aux invasions des barbares, était assez importante sous l'Empire pour avoir rang de municipe et former ainsi une petite *respublica Bantinorum*, comme s'expriment les inscriptions. Le nom s'en est conservé dans celui de Banzi, hameau de la commune de Genzano, surgi dans le moyen âge autour d'une abbaye de Bénédictins fondée au viiie siècle par Grimoald Ier, prince de Bénévent, qui l'avait soumise à l'autorité supérieure de l'abbé du Mont-Cassin. Urbain II, avant d'être évêque d'Ostie, puis Pape, y fut longtemps simple moine. Aussi rendit-il en faveur de son ancien monastère, en 1093, une bulle de consécration qui est parvenue jusqu'à nous et qui nomme comme abbé Ursone, de Bandusia; d'où nous apprenons qu'il y avait alors un village auprès de la fontaine chantée par Horace. Les fils de Robert Guiscard, Roger, duc de Pouille, et Bohémond, prince de Tarente, augmentèrent considérablement à cette même époque les biens de l'abbaye de Santa-Maria de' Banzi. Le territoire dont l'abbé avait la seigneurie, avec haute et basse justice, relevait du comté d'Andria et constituait un fief de trois hommes d'armes; mais on lit dans le catalogue des Barons réunis sous Guillaume II pour la Croisade, qu'en cette occasion extraordinaire l'abbé en avait fourni sept, quatre de plus qu'il ne devait.

Admise en 1782 au patronat royal, l'abbaye de Banzi fut supprimée sous l'administration française. Il ne reste plus de ses anciens bâtiments que quelques arceaux en ogive du temps des Angevins, engagés dans des constructions plus modernes, qu'habitent des paysans. A côté est un couvent de Capucins, fermé depuis quelques années à la suite de la loi d'incamération des propriétés ecclésiastiques. Je prends là sur le fait un exemple des désordres moraux auxquels devait inévitablement donner naissance sur plus d'un point, dans les lieux écartés, échappant à l'œil des supérieurs réguliers, la brusque dispersion des congrégations religieuses. En supprimant le couvent des Capucins de Banzi, le gouvernement italien, comme presque partout, y a conservé provisoirement trois moines en qualité de gardiens des bâtiments mis sous séquestre. L'un d'entre eux, en dépit du vœu de pauvreté de son ordre, se trouvait, je ne sais comment, avoir de l'argent mignon. Il l'a employé à acheter une partie des bâtiments et quelques parcelles de terrain dépendant de son ancien couvent. Il vit là maintenant en propriétaire paysan, tout en gardant son froc, en compagnie d'une paysanne qu'il dit sa parente, belle fille d'âge fort peu canonique, et de la famille de celle-ci. Et il tient sous sa coulpe, en les opprimant de toute manière et en les faisant jeûner sans les admettre à partager l'ordinaire de sa table, les deux autres Capucins restés à côté de lui dans la maison, lesquels n'ont pour vivre que la pension dérisoire officiellement allouée aux moines dépouillés de leurs biens. Il est vrai que le seul que j'aie vu de ces deux pères est plus qu'à moitié idiot des suites d'une fièvre typhoïde contractée dans les missions de Terre-Sainte. Plus d'un voyageur peut-être aurait ri de cette comédie de mœurs qui s'est présentée à mes regards dans un coin obscur de la Basilicate ; pour moi, le spectacle m'en a attristé.

Les habitants du hameau de Banzi ne montent qu'à quelques centaines. Ils ont l'air misérable et sauvage, et vivent avec leurs porcs dans une fraternité pareille à celle que j'ai constatée à Termoli.

On pourrait s'y croire transporté hors d'Europe, bien loin de tout pays civilisé.

L'emplacement de la ville antique de Bantia se reconnaît parfaitement à quelques centaines de mètres au nord du village. On n'y voit plus au-dessus du sol aucune des ruines qui existaient en grand nombre en 1522 et que mentionne une description du territoire de l'abbaye, rédigée alors à l'occasion d'un procès qu'elle avait à soutenir, document qui se conserve aux Archives de Naples. Mais la terre y est jonchée de débris de toute sorte, qui caractérisent clairement le site d'une localité antique. J'y ai vu quelques sépultures que les paysans avaient mises au jour et laissées ouvertes. Elles consistaient en dalles de travertin du pays, disposées de manière à former un sarcophage grossier. On y avait trouvé de petits vases grecs et des poteries plus communes, en terre rouge sans glaçure dont les morceaux, jetés sans soin, gisaient autour des fosses encore béantes.

Bantia est célèbre en archéologie par la table de bronze, découverte en 1790, à laquelle on a donné son nom. Cette table fragmentée, que l'on possède au Musée de Naples, est opisthographe, c'est-à-dire écrite des deux côtés ; le métal, après avoir reçu la gravure d'un document public exposé aux regards, a été utilisé de nouveau dans l'antiquité, en le retournant, pour y tracer sur la face opposée un second acte de même nature. Sur l'un des côtés de la table dite de Bantia l'inscription est latine; elle contient une partie du texte d'une loi romaine d'intérêt général. L'inscription de l'autre côté est plus ancienne; c'est un des monuments les plus développés de la langue osque, c'est-à-dire de l'idiome sabellique parlé en commun par les Osques Campaniens, les Samnites et les Lucaniens; mais cet idiome y est écrit en lettres latines, car les Lucaniens ne paraissent avoir jamais fait usage de l'alphabet spécial employé par leurs frères de la Campanie et du Samnium. Cette inscription est le débris d'une loi spéciale réglant l'organisation des magistratures municipales de Bantia, ou *Bansa* suivant la forme osque, le mode de leur élection et leur succession dans le *cursus honorum* que devait parcourir celui qui voulait s'y élever aux plus hauts rangs. Mais la table en question, tout en étant relative à Bantia, n'a pas été exhumée du sol de Banzi. Elle a été trouvée à Oppido, localité située à près de 15 kilomètres de distance, plus au sud, laquelle paraît correspondre à la station d'*O*-

pinum ou *Ad Pinum*, marquée dans les Itinéraires romains sur la voie qui de Venusia conduisait à l'embouchure du fleuve Bradanus. Le plus bizarre caprice municipal, il y a quelques années, a changé le nom d'Oppido en celui de Palmira, sans qu'il y eût aucune raison quelconque pour cette métamorphose. Palmira est désormais l'appellation officielle et c'est celle qu'on lit sur la carte d'état-major. L'Italie pousse aussi loin que possible l'autonomie des communes. Mais franchement c'est outrepasser la limite de la tolérance admissible que de laisser les conseils municipaux débaptiser arbitrairement les villes, « pour faire joli, » comme disent nos paysans, par pure fantaisie, en dépit de l'histoire et de l'usage. Dans notre pays ils n'en sont encore qu'à débaptiser les rues; c'est déjà bien assez incommode et assez ridicule. Quoi qu'il en soit, du fait de la découverte de la loi municipale de Bantia dans la localité d'Oppido ou Palmira, il résulte une donnée géographique importante, c'est que cette localité était comprise dans le territoire du municipe des Bantini, lequel s'étendait ainsi du nord-est au sud-est d'Acerenza (Acherontia), dont Oppido est très voisin.

ACERENZA

En quittant Banzi nous laissons Genzano sur notre gauche. C'est un bourg d'environ 2,500 âmes, qui fut dans les premiers temps de la conquête normande une seigneurie d'une certaine importance. En 1047, Genzano était aux mains d'un chevalier du nom de Sarule qui avait été le compagnon et l'ami d'Asclitin, comte d'Aversa. Quand il apprit que le frère de celui-ci, le jeune Richard, venu de Normandie, avait été renvoyé d'Aversa par son cousin-germain Raoul Trincanocte, qui s'était emparé du comté à la mort d'Asclitin, et qu'il avait dû chercher un refuge à Melfi auprès du comte Humfroi, il alla le trouver, lui demanda d'être son ami et le pria de venir s'installer près de lui à Genzano. Là Sarule rassembla ses hommes d'armes, leur présenta Richard et leur dit d'obéir à ce jeune seigneur comme au véritable maître de la terre et au légitime héritier du comté d'Aversa. Les hommes d'armes lui jurèrent fidélité. Par délicatesse, Sarule voulait même quitter Genzano, pour que l'autorité de Richard y fût mieux reconnue, mais celui-ci le pria de n'en rien faire, et les deux seigneurs vécurent en bonne amitié. Leurs efforts réunis concentrèrent pour quelque temps à Genzano une véritable puissance. Ils avaient à leur table jusqu'à cent hommes d'armes. Richard utilisa ces forces pour faire la guerre à divers seigneurs, et surtout à son cousin Raoul Trincanocte, auquel il ne pardonnait pas de l'avoir privé du beau fief de son frère. Raoul, pour se débarrasser de son hostilité, lui rendit le patrimoine personnel qu'Asclitin avait laissé en mourant et de plus lui fit épouser sa sœur Frédésinde. Grâce à ces concessions, Richard se tint tranquille jusqu'à ce que la mort de Raoul lui fournît une occasion favorable de se rendre maître d'Aversa.

Le chemin que nous suivons s'élève constamment. Le pays commence à prendre l'aspect caractéristique de la majeure partie de la Basilicate. C'est une contrée froide et rude de climat, que la neige envahit pendant l'hiver, un nœud de montagnes entrecoupées de vallées profondément creusées, qui forme, à l'endroit où l'Apennin s'infléchit directement vers le sud, le point de partage entre les bassins de l'Adriatique, de la mer Ionienne et de la mer Tyrrhénienne. L'aspect de ces montagnes est sévère, triste et sauvage. Elles n'offrent pas à l'œil de rochers escapés et pittoresques, excepté sur les bords de quelques vallées, mais à leurs sommets des plateaux et sur leurs flancs des pentes plus ou moins rapides où alternent des bois de hêtres et de châtaigniers et des champs grisâtres, les uns labourés, les autres en guérets, parsemés partout de grands chênes qui s'y dressent isolés ou par groupes de deux et de trois. C'est le chêne rouvre de nos forêts qui est par excellence l'arbre de la Basilicate, celui qui donne sa physionomie propre à cette contrée, bien qu'on y rencontre aussi, comme dans les sierras de l'Espagne, le chêne à glands comestibles ; il y est d'un port magnifique, droit et vigoureux de tronc, bien branché, de haute venue, mais nulle part ailleurs je n'ai vu cet arbre épars ainsi dans les champs à la façon des pommiers en Normandie. Ses glands servent à nourrir les porcs, qui sont le principal objet d'élève de la contrée et dont elle exporte la viande sous forme de salaisons. A demi sauvages, les cochons de la Basilicate sont noirs, vêtus de soies épaisses et héri sées; ils ont presque l'air de sangliers. Mais si cette race indigène n'arrive jamais qu'à un engraissement imparfait par comparaison à celle des *casertini* à la peau grisâtre et sans poils, que certains propriétaires essaient d'y substituer comme plus avantageuse pour l'éleveur, sa chair passe dans tout le Napolitain pour avoir des qualités de goût exceptionnelles, une saveur sans rivale. Le fumet se rapproche de celui du sanglier sans être aussi accentué. Pour maintenir ce fumet recherché dans la race, sans que la domesticité arrive à l'effacer avec le temps, on s'étudie à la renouveler le plus souvent possible par une infusion fréquemment répétée de sang sauvage. Les sangliers sont en grand nombre dans les bois de la Basilicate. Lorsqu'un paysan est parvenu à capturer un marcassin, il l'élève, et cet animal, parvenu à l'âge adulte, sert de reproducteur; on lui amène toutes les truies du voisinage.

Chaque famille de paysans, vers la Noël, saigne un porc pour sa consommation personnelle et, suivant le nombre des personnes qui la composent, en sale la totalité ou la moitié, qu'elle garde pour manger aux jours de fête. C'est là tout ce qu'en une année elle consomme de viande, avec la chair malsaine de quelques bêtes mortes de maladie qu'on débite dans le village au lieu de les enterrer, comme on devrait le faire hygiéniquement. Autrement la nourriture du *contadino* de la Basilicate consiste d'une manière exclusive en fromage grossier, frais ou sec, en châtaignes, qui forment dans ce pays comme dans le Limousin le fond de l'alimentation, en glands doux, en légumes secs, pois et fèves, et en quelques légumes frais, tels que choux et tomates. C'est là un régime bien peu fortifiant; mais l'absence de viande est compensée dans une certaine mesure en ce que le paysan boit du vin assez abondamment. En effet, la vigne réussit sur les pentes bien exposées et y donne des produits de bonne qualité. Les vins de la Basilicate sont moins chargés en alcool que ceux des autres parties de l'Italie méridionale; bien traités, car la vinification est encore ici dans l'enfance, ils se rapprocheraient davantage de ceux de certaines provinces de France. En revanche, l'olivier ne pousse pas dans toute la contrée élevée; l'huile qu'on y consomme est tirée des faînes qu'on recueille dans les bois. On s'en aperçoit à son goût âcre et prononcé.

La veste, le gilet et la culotte ne dépassant pas le genou, qui, avec le grand manteau, remplacé quelquefois par une peau de bique, composent le vêtement du paysan de la Basilicate, sont faits d'une grosse étoffe de laine qui se fabrique dans le pays. On porte ces vêtements jusqu'à ce qu'ils tombent en lambeaux; aussi durent-ils une bonne partie de la vie. C'est dans les villages que l'on confectionne, avec la laine et le lin qu'elles ont elles-mêmes filés, les étoffes du costume des femmes, leur jupe de laine bleu foncé, leur corsage noir, leur tablier à rayures, le voile rouge qu'elles posent carrément sur leur tête. Pour la confection de ce voile et de la chemise de l'un ou de l'autre sexe, la grosse toile de lin, plante fort cultivée dans ce pays, paraît souvent trop luxueuse et trop chère pour d'aussi pauvres gens. Ils en font une bien plus grossière, qui doit être sur la peau comme un vrai cilice et auprès de laquelle la toile à voile serait une sorte de batiste, avec les fibres du genêt-sparte, qu'ils vont cueillir dans les bois, où il pousse à l'état sauvage. Je ne sais s'il est d'autres parties de l'Europe où l'on fasse encore usage de linge de sparte ; mais je sais que des découvertes positives ont montré que c'était celui dont usaient les hommes du début de l'âge du bronze en Espagne et en Italie, et les anciens Guanches aux Canaries.

Le paysan de la Basilicate n'est, dans la grande majorité des cas, qu'un simple ouvrier agricole plongé dans la plus dure pauvreté, vivant misérablement au jour le jour sans qu'un salaire trop minime lui permette d'espérer même d'améliorer sa condition par l'épargne. Ou bien, par le fait, attaché à la glèbe, ou bien allant louer ses bras au loin et habitué ainsi à une vie nomade qui exerce sur lui une influence démoralisante, c'est à peine s'il possède ses instruments de travail, et pour ainsi dire jamais il n'est propriétaire de la demeure insalubre et insuffisante qu'il occupe dans les bouges infects où la longue insécurité du pays l'a condamné à s'entasser. Car ici, comme en général dans toutes les provinces méridionales de l'Italie, le village tel qu'il existe chez nous est inconnu et, avec le village, le bien-être que donne au paysan la vie dans la maisonnette qu'accompagne un petit potager. Les *contadini* habitent, à la façon de l'Orient, par bourgs de plusieurs milliers d'âmes, dont l'agglomération assurait dans une certaine mesure une protection réciproque contre les brigands. Ces bourgs et ces villes, dans une vue de défense, se sont généralement établis dans les lieux difficiles d'accès et que sépare d'ordinaire une journée de marche pour un piéton. A part quelques maisons bourgeoises, le bourg est possédé tout entier par un grand propriétaire, en général celui dont les paysans cultivent les domaines. A son égard, ils sont des tenanciers sans bail fixe, sans garantie d'aucune sorte, que la simple volonté du propriétaire ou de son intendant peut, du jour au lendemain, expulser de leur demeure et jeter dehors sans travail et sans ressource.

J'ai parlé ailleurs (1) avec détail de la misère agricole dans l'ancien royaume de Naples, que signalaient en même temps les voix autorisées de M. É. de Laveleye et de M. Adert, de Genève. J'ai traité des souffrances et de la condition du paysan dans ces provinces que la nature a faites si fécondes et qui devraient être un véritable éden, un tableau dont quelques personnes de ce côté des Alpes ont pu croire les couleurs trop chargées. En Italie, on n'en a pas jugé ainsi ; personne n'a contesté les faits

---

1. *La Grande-Grèce*, t. I, p. 172-185.

que j'avais articulés. Les journaux ont reproduit ce que j'en avais écrit ; on l'a traduit en brochure, et le retentissement en a été suffisant pour qu'en certains endroits, dans le dernier voyage que je viens de faire, des délégations des Sociétés Populaires soient venues me remercier d'avoir mis la plaie à nu avec autant de franchise. Je ne recommencerai pas ce lamentable tableau, et l'on me permettra d'y renvoyer le lecteur. Il me suffira de dire que les misères que j'y ai décrites sont peut-être plus aiguës, plus poignantes dans la Basilicate que dans aucune autre province. En effet, il n'en est pas qui soit plus exclusivement livrée au régime des *latifundia*, avec tous les faits déplorables qui le constituent, le petit nombre des propriétaires, l'immensité exagérée de leurs domaines, l'absence de la petite et de la moyenne propriété. Nulle part on ne souffre plus de l'absentéisme général de l'aristocratie territoriale, qui vit dans les grandes villes, à Naples où à Rome, où elle possède des palais imposants, des villas somptueuses avec toutes les recherches du luxe le plus raffiné, mais qui, au lieu de s'occuper de ses vastes propriétés rurales, évite de les visiter et en laisse le soin à des intendants. Dans ces conditions, en effet, l'unique souci du grand propriétaire est de tirer un revenu fixe de ses domaines sans avoir à s'en occuper autrement que pour en toucher la rente, que souvent son luxe besogneux lui fait chercher à anticiper pour soutenir une vie de dépenses au delà de ses ressources réelles. Surtout il tient à n'avoir aucune avance coûteuse à faire pour l'amélioration de propriétés auxquelles il ne s'intéresse aucunement. C'est là ce qui le fait s'en tenir à un système d'exploitation qui donne la prédominance au pâturage sur la culture, qui laisse la plus grande partie de la terre en friche et, s'il a pu être commandé par le manque de bras, perpétue la dépopulation des campagnes et s'oppose à toute espèce de progrès. C'est de cette manière qu'un sol qui serait éminemment propre à la culture des céréales et pourrait fournir sous ce rapport les éléments d'une exportation considérable, demeure improductif dans la plus grande partie de sa superficie.

Et si les causes de la misère des campagnes exercent leur action dans la Basilicate plus qu'ailleurs, la rudesse du climat y rend cette misère plus pénible. Il est vrai que l'air y est sain, grâce à l'altitude générale, et qu'à part quelques vallées ou les parties basses voisines de la mer, la mal'aria n'y règne pas. Mais les privations et la pauvreté sont plus faciles à supporter sous un climat chaud que sous un climat froid : le travailleur n'y a pas besoin d'une alimentation aussi substantielle ; on ne souffre pas d'être mal vêtu et déguenillé sous une température ardente. Peu importe de n'avoir pour gîte qu'une tanière à celui qui peut toute l'année dormir à la belle étoile sous un ciel constamment clément. Il n'en est pas de même pour celui que le froid et la neige obligent à s'enfermer plusieurs mois dans sa demeure. On s'est étonné de la force de résistance qu'ont déployée les soldats napolitains de Murat dans la retraite de Russie. C'est qu'on a l'habitude de se représenter l'ancien royaume d'après ses côtes, et surtout d'après les énervantes délices du golfe de Naples. On oublie que les anciens pays des Samnites, des Lucaniens et des Bruttiens ont de tout temps nourri des populations trempées par les contrastes d'un climat toujours excessif, et aussi rudes que leurs montagnes. Les soldats recrutés dans les Abruzzes, dans la Basilicate, dans la Sila et dans l'Aspromonte étaient habitués dès leur enfance à marcher sans chaussures dans la neige glacée et à braver en haillons les rigueurs de l'hiver.

Après ce que je viens de dire, on ne sera pas surpris de me voir ajouter que l'ancienne Lucanie est, de toutes les contrées de l'Italie, celle où l'émigration vers l'Amérique se développe sur la plus grande échelle. Elle tend chaque jour davantage à y prendre des proportions effrayantes. Nulle part la nécessité d'une loi agraire bien conçue n'éclate aux yeux d'une façon plus manifeste, nulle part il n'est plus nécessaire de pousser à l'adresse du gouvernement italien le cri *Caveant consules!* car le péril public est ici flagrant. Malgré les efforts louables que l'on fait pour le doter d'une meilleure viabilité, qui facilite l'écoulement de ses produits agricoles, le pays continue à se dépeupler, parce que la misère de ses habitants ruraux est intolérable. Dans le Val di Tegiano nous rencontrerons des bourgs qui ont vu depuis dix ans le tiers de leur population virile partir pour La Plata. Certes, ce n'est pas chose facile que de porter remède à une pareille souffrance du paysan, découlant de conditions sociales mauvaises, sans ébranler dans ses bases le principe de la propriété ; mais le mal est tel qu'il faut résolument se mettre à l'œuvre pour chercher les moyens de le guérir, sous peine d'avoir un jour affaire à une révolution agraire ou de voir certaines provinces se convertir en désert. Depuis longtemps déjà le problème devrait être à l'ordre du jour pour tous les hommes d'État de l'Italie.

Rendons, du reste, cette justice au gouvernement italien que, s'il a beaucoup trop tardé à s'occuper de la question des campagnes, peut-être par un certain effroi de toutes les complications qu'elle soulève, il n'a pas hésité à trancher dans le vif sur une autre question, spéciale à la Basilicate, à propos d'abus révoltants qu'on pouvait inscrire parmi les résultats de la misère de ses habitants. C'est, en effet, de cette province, où la population se fait remarquer par ses dons musicaux naturels, où l'on rencontre à chaque pas des bergers qui, sans avoir appris leurs notes, exécutent sur un chalumeau grossier qu'ils ont fabriqué eux-mêmes des airs d'un charme étrange et mélancolique, c'est de cette province que sortait cette nuée de petits Italiens qu'on rencontrait dans toute l'Europe allant de ville en ville mendier en jouant des instruments et en chantant. Une véritable traite des blancs s'était organisée en Basilicate avec la tolérance des agents de l'ancien gouvernement. D'odieux industriels parcouraient les campagnes pour y ramasser les enfants, les achetant pour un morceau de pain à la pauvreté de leurs parents ou bien souvent les enlevant à l'insu de ceux-ci, quand ils en trouvaient l'occasion. Ils les conduisaient ensuite à l'étranger et les y exploitaient sans vergogne, empochant l'argent que ces pauvres petits recevaient chaque jour du public, les rouant de coups et les faisant mourir de faim, souvent même les dressant au vol. Beaucoup des malheureux enfants ainsi traînés loin de leurs foyers mouraient des fatigues et de la misère de la vie qu'on leur faisait mener. Ceux qui y résistaient rentraient au bout de quelques années, incapables de se plier désormais à un travail régulier, corrompus jusqu'aux moelles par l'habitude de la mendicité vagabonde, et avec cela aussi pauvres qu'ils étaient partis, sans rapporter un sou de ce qu'ils avaient gagné, car tout avait été absorbé par leur exploitant. Quelques-uns de ces infâmes trafiquants de chair humaine allaient même jusqu'au crime quand ils rencontraient un enfant dont la voix annonçait des qualités exceptionnelles ; ils en faisaient un *soprano*, produit artificiel encore fort recherché de certains maîtres de chapelle et dont ils trouvaient à tirer bon parti. Sans doute, les lois du royaume de Naples, non plus que celles d'aucun pays chrétien, n'admettaient pas comme licite l'abominable opération qui enlève à un individu sa qualité d'homme pour lui assurer une voix d'une nature spéciale ; elle y attachait une peine criminelle. Mais on avait trouvé une ingénieuse formule qui permettait à la police de fermer les yeux en pareil cas, moyennant une forte *bonne-main;* on lui faisait constater que c'était par la dent d'un porc que l'enfant avait été mutilé tandis qu'il dormait dans les champs. Les procureurs du roi ne se paient plus aujourd'hui de pareilles excuses. D'ailleurs le Parlement italien a voté dans ces dernières années une loi sévère et rigoureusement mise en pratique depuis lors, pour arrêter, dans la mesure du possible, la traite des enfants dans la Basilicate. Les pratiques frauduleuses et coupables usitées parmi ceux qui se livraient à ce trafic sont frappées de pénalités. Les contrats par lesquels les parents déléguaient la plénitude du pouvoir paternel aux entrepreneurs à qui ils vendaient leurs enfants n'étant plus reconnus pour valides, l'État prend la tutelle de ces petits malheureux ; ses agents les suivent attentivement dans le royaume et à l'étranger, les protègent contre les mauvais traitements et l'avidité de leurs maîtres, au besoin les rapatrient et leur assurent un asile dans des établissements de charité, jusqu'à ce qu'ils aient atteint l'âge de gagner leur vie par l'exercice d'un métier. Il est facile de constater l'efficacité de cette loi par la diminution sensible du nombre des petits mendiants italiens de ce côté des Alpes depuis qu'elle a été promulguée.

Quelques kilomètres au delà de Banzi, l'arrivée au sommet d'une dernière montée découvre brusquement devant nos yeux un magnifique panorama. Directement au-dessous de nous, presque à pic, avec une profondeur de mille pieds environ, se creuse un vaste cirque de montagnes. A l'ouest et au sud, de puissantes arêtes continues, d'un relief plus haut encore que celui du côté du nord, par où nous arrivons, forment la muraille du cirque et arrêtent la vue à une quinzaine de kilomètres à vol d'oiseau. L'arête de l'ouest est la prolongation du Monte-Acuto, qui sépare de Lagopesole et d'Avigliano, formant la crête de partage des eaux tributaires du golfe de Salerne, sur la mer Tyrrhénienne, et de celles qui descendent au golfe de Tarente, sur la mer Ionienne. Celle du sud est la barrière entre les vallées du Bradano et du Basiento, les deux fleuves qui, se rapprochant à la fin de leur cours, embrassent le site de l'antique

Métaponte entre leurs embouchures. Potenza, qui domine le Basiento dans sa partie supérieure, est située derrière ces montagnes. Deux petites rivières coulent au fond du cirque que j'essaie de décrire et dont les pentes sont garnies de bois ou cultivées en champs parsemés de grands chênes; ce sont le Bradano, qui sort à peine de sa source, et le Signone, autrement dit Fiumarella. Elles se réunissent vers l'extrémité est de l'enceinte, où s'ouvre la vallée du Bradano, qui reçoit bientôt de nombreux affluents et se dirige vers la mer. La pente de cette vallée est rapide, et les hauteurs fortement mamelonnées qui la bordent s'étagent en gradins descendant aussi loin que peut s'étendre le regard. Une sorte d'échine moins élevée que les montagnes du pourtour divise en deux parties le bassin presque circulaire qu'elles enferment; c'est comme un isthme interposé entre les deux rivières pour relier à la chaîne de l'ouest la montagne conique en pain de sucre qui domine leur confluent et se dresse au centre du cirque. Les Grecs n'auraient pas manqué de comparer cette disposition du terrain à celle d'une de ces coupes sans pieds ou phiales qu'ils appelaient *mesomphaloi*, parce que le fond s'en relevait par un gros bouton circulaire à sa partie centrale. Rien de plus curieux ni de plus frappant d'aspect que ce cône de plusieurs centaines de mètres d'élévation, aux flancs en pente rapide, couverts de cultures, principalement de vignes, du moins sur son côté méridional, qui surgit comme du fond d'un large et profond entonnoir de montagnes ouvert sur un seul point, et qui porte à son sommet une ville perchée comme une aire d'aigle, à mille mètres d'altitude au-dessus du niveau de la mer.

Cette ville est Acerenza. Pour y parvenir, une fois descendu dans le fond de la vallée, il faut plus de deux heures d'ascension par une route dont les nombreux lacets semblent interminables. Elle est enveloppée encore de l'enceinte démantelée de ses anciens remparts du moyen âge, sur lesquels en plus d'un endroit on a construit des maisons plus modernes. Dans la majeure part de leur périmètre ces remparts ont pour soubassement des rochers escarpés; aussi la ville n'est-elle accessible que du côté du sud : c'est là que s'ouvre son unique porte devant laquelle se réunissent toutes les routes, de quelque direction qu'elles viennent. La cathédrale s'élève immédiatement au-dessus du rempart à l'extrémité orientale de la ville, qu'elle domine de sa masse imposante et sombre.

Acerenza est fameuse en Basilicate par son vin, dont la renommée ne m'a point paru usurpée. Située comme elle l'est sur un piton isolé, à découvert de tous les côtés, c'est vraiment le royaume du vent; de quelque côté qu'il souffle, il y fait rage, à tel point que l'étranger qui y passe pour la première fois la nuit croit à toute minute que les fenêtres de sa chambre vont être enfoncées ou le toit de la maison emporté. Mais cette ventilation exagérée est parfaitement saine pour ceux qui en ont pris l'habitude, et l'on prétend qu'il n'est pas dans toute la province une ville qui compte plus de centenaires qu'Acerenza. Dans quelque direction que l'on prenne son point de vue, le paysage qu'on embrasse du haut de ses remparts est éminemment pittoresque et d'une originalité frappante, mais plutôt triste. La ceinture de montagnes grandioses et sévères que le regard rencontre partout a une solennité qui éloigne les idées riantes. Un poète qui y passerait sa vie puiserait certainement là des inspirations dont la mélancolie n'aurait pas beaucoup de peine à tourner à la désespérance de Leopardi.

Cette ville, qui compte 5,000 habitants, est du reste une de celles où les mœurs de la Basilicate ont gardé le plus leur caractère propre, leur saveur originale, leur rudesse native, telles que devaient être celles des anciens Lucaniens. On s'y sent tout à fait hors de la banalité qui envahit de plus en plus les portions de l'Italie habituellement fréquentées par les étrangers. Ses rues étroites et irrégulières, avec leurs maisons pour la plupart sordides qui n'observent aucun alignement, leur pavé disjoint et couvert d'immondices, vous reportent en plein moyen âge. Je ne sais où le *Guide* de Baedeker a puisé ce renseignement fallacieux qu'on y trouve une « bonne auberge; » il est de la même valeur que celui qui ne compte entre Potenza et Acerenza que trois heures en diligence jusqu'à Pietragalla et une heure à pied depuis ce dernier point, tandis qu'en réalité une voiture met plus de quatre heures pour le premier trajet et deux heures et demie pour le second. La vérité est qu'il n'y a pas d'auberge à Acerenza, mais une simple *locanda* de paysans à faire reculer le voyageur le plus intrépide, et que je plaindrais celui qui arriverait dans cette ville sans s'être à l'avance muni de lettres de recommandation. C'est, en somme, un des lieux les plus sauvages de la plus sauvage peut-être des provinces du royaume italien. Aussi ai-je eu la plus charmante surprise en y trouvant, dans la maison du syndic, M. Petruzzi, non seulement une hospitalité telle qu'on ne la pratique que dans les pays qui ont gardé des mœurs patriarcales, mais des hommes bien élevés, instruits, à l'esprit cultivé, à la conversation intéressante, au courant des choses de l'extérieur, capables de causer avec une sérieuse compétence sur beaucoup de sujets. Giustiniani, à la fin du siècle dernier, signalait déjà le goût de la culture intellectuelle comme développé d'une manière spéciale chez les familles distinguées d'Acerenza. C'est une tradition qui ne s'est point perdue.

Naturellement dans la réunion des hommes instruits d'une petite ville de province, il y a plusieurs ecclésiastiques. Dans le Napolitain, le recrutement du clergé est fort différent de ce qu'il est chez nous. Les classes supérieures y fournissent encore un grand nombre de sujets. Je n'ai jamais pénétré dans une famille de la noblesse provinciale de l'ancien royaume, même chez celles du libéralisme le plus avancé, — et en général cette petite noblesse, qui tient la place de la bourgeoisie non encore formée, appartient par ses opinions à la gauche, — sans y rencontrer un ou plusieurs prêtres. Aussi les membres du clergé séculier sont-ils en général dans ces pays des gens de bonne compagnie, à l'esprit ouvert, dotés d'un fonds solide d'éducation libérale et littéraire telle que la comprenaient nos pères. C'est ce que l'on constate du moins chez ces chanoines, dont presque chaque ville, même la moindre, renferme un chapitre, de même qu'elle possède un évêque. On prétend, il est vrai, que le clergé méridional n'a ni l'admirable régularité de mœurs du nôtre, ni son zèle pour les rudes labeurs du ministère. Je ne sais dans quelle mesure ces accusations, que j'ai entendu bien des fois formuler, sont justifiées ; mais ce que je lui reprocherais surtout, c'est de ne pas avoir assez de souci de spiritualiser la religion de ses ouailles populaires et d'éclairer l'ignorance naïve de leur foi, c'est de les laisser donner à leur dévotion quelque chose de si exclusivement matériel qu'elle est encore du paganisme plus qu'à demi. En tous cas, au point de vue de la distinction des manières et de la culture de l'esprit, ce clergé est dans le pays une véritable élite. Il rappelle d'assez près ce qu'était chez nous le clergé avant la Révolution. Le sentiment national est très vif chez la plupart de ses membres ; on n'y rencontre aucun regret du régime déchu, aucun désir de sa restauration. Dans l'église de San-Nicolao de Bari, qui est un chapitre de patronat royal, j'ai remarqué, non sans une certaine surprise, la première fois que je les y ai vus, deux portraits appendus en face l'un de l'autre des deux côtés de l'entrée de la nef, celui du Souverain Pontife Léon XIII et celui du roi Humbert. Cette association, qui étonne notre esprit français trop peu habitué par nature aux tempéraments et porté à n'envisager les questions que sous des points de vue tranchés et absolus, est dans la grande basilique de Bari l'expression sensible de sa condition officielle, mais on pourrait la prendre comme un emblème des sentiments intimes de la majorité des ecclésiastiques des provinces napolitaines. N'en déplaise à ceux qui croient les deux termes absolument antithétiques, ils sont à la fois très Italiens et très catholiques, suivant en cela l'exemple de deux des hommes dont le renom européen a fait leurs chefs naturels, dom Tosti, l'abbé du Mont-Cassin, et Mgr Pappalettere, le grand-prieur de San-Nicolao de Bari. Et comme en se mêlant activement à la vie publique il se trouverait forcément, dans l'état actuel des choses, embarrassé par un conflit entre ses convictions patriotiques et son dévouement au Saint-Siège, le clergé méridional s'abstient avec une grande sagesse de toute immixtion dans la politique ; il reste prudemment en dehors de la mêlée des partis, s'attachant au rôle d'un observateur silencieux, fin, sagace et quelque peu narquois.

De cette sage attitude du clergé résulte dans le midi de la Péninsule une grande pacification religieuse. Avec la façon dont l'ancien gouvernement avait prétendu se faire l'évêque du dehors et colorer son absolutisme du prétexte de la défense des sains principes sociaux et religieux, réprimant toute indépendance de pensée, toute velléité de libéralisme au nom de l'orthodoxie, imposant à quiconque le servait la pratique extérieure des sacrements de l'Église, donnant des sanctions pénales à des préceptes qui ne doivent intéresser que la conscience individuelle et s'efforçant, en retour de ces marques d'un zèle affecté, de mettre le clergé aux gages de sa police tracassière, on pouvait craindre que la ruine de cet édifice d'oppression et d'obscurantisme, qui avait si longtemps pesé sur le pays, n'amenât un déchaînement de passions antireligieuses, une guerre ouverte au catholicisme et à tout ce qui y tient, quelque chose dans le genre de la furieuse campagne anticléricale que nos radicaux poursuivent avec un acharnement si aveugle. Le danger devait paraître grand surtout dans un pays dont le gouvernement, sur le terrain politique, était par la fatalité de ses origines en lutte ouverte avec la Papauté et devait longtemps encore y rester dans l'avenir. Mais ici sont heureusement intervenus ce bon sens et cette modération pratique qui appartiennent au caractère italien et ont empêché les hommes d'État de ce pays de compliquer d'une guerre au pouvoir spirituel la question, bien assez épineuse déjà par elle-même, du pouvoir temporel. De part et d'autre, on a été prudent. Le clergé du royaume de Naples, au lendemain des événements de 1860, s'il avait voulu prendre parti pour le gouvernement tombé et prêcher la croisade comme en 1799, était en mesure de déchaîner sur le pays une guerre civile terrible, et les excitations de l'étranger ne lui faisaient pas faute à cet égard ; son patriotisme ne l'a pas voulu. En revanche, le nouveau gouvernement a évité avec soin de lui témoigner une hostilité systématique ; il s'est borné à le soumettre aux lois générales du royaume, en apportant d'ailleurs à leur application tous les tempéraments qui ne contredisaient pas les termes de ces lois. Qu'en est-il résulté ? Que le clergé, dans toutes les provinces méridionales, sous le régime de l'Italie nouvelle, a gardé intacte son ancienne puissance morale sur la masse populaire, et que le gouvernement, qui ne rencontrait pas chez lui une opposition déclarée, lui a fait largement sa part dans l'organisation de l'instruction publique. Dans toute cette région, il n'existe pour ainsi dire pas un lycée de l'État ou un collège communal, un institut technique gouvernemental ou municipal qui ne compte quelque prêtre comme proviseur, directeur des études, censeur ou professeur. Je pourrais citer tel lycée où le proviseur, qui est un des Mille de Garibaldi, vit en parfaite intelligence avec l'ecclésiastique qu'il a pour directeur des études. Sans doute, il y avait à cette manière d'agir une nécessité absolue dans l'état du pays. Il eût été matériellement impossible de constituer un personnel suffisant d'enseignement secondaire sans faire appel au concours des membres du clergé. Mais c'est déjà quelque chose que d'avoir su comprendre cette nécessité et de s'y être conformé de bonne grâce. Il est de par le monde des chambres des députés et des conseils municipaux qui, tout en faisant un pompeux étalage de leur zèle pour l'instruction, tout en dépensant sans compter l'argent des contribuables pour la construction des écoles, à condition qu'elles soient laïques, n'hésiteraient pas à laisser péricliter l'enseignement plutôt que d'admettre un prêtre comme professeur dans un lycée de l'État.

C'est généralement des rangs du clergé que sortent les *dotti* provinciaux dont il est bien rare qu'on ne rencontre pas au moins un dans chaque localité. Le *dotto* de petite ville est un des types originaux de l'Italie. Ce n'est pas un gladiateur de lettres qui cherche querelle à tout venant; c'est un homme d'un caractère prudent et un peu craintif, de vie paisible et plutôt cachée, de mœurs douces et affables, dont la pédanterie a quelque chose de naïf et de bon enfant. Formé exclusivement au régime de ce qu'on nommait autrefois les humanités, il est presque toujours bon latiniste, capable de rédiger une page d'une tournure assez cicéronienne, et trouvant un plaisir délicat à relire les grands écrivains de Rome ; mais pour la langue hellénique, il pourrait employer en parlant de ses monuments le vieux dicton : *Græcum est, non legitur*. Amoureux de beau langage et de petits vers, il tourne facilement le sonnet, en y mettant une certaine pointe d'esprit et une grâce câline. En général, c'est d'archéologie qu'il s'occupe, et le couronnement de sa vie sera la publication d'une histoire de sa cité natale, depuis l'arrivée d'Aschkenaz, petit-fils de Noé, que les païens adorèrent sous le nom de Neptune, jusqu'au temps présent, livre dont aucun libraire n'aura le dépôt, dont le retentissement n'ira pas plus loin que l'ombre du clocher, et dont l'édition finira par pourrir presque en entier dans son grenier, à moins qu'après sa mort ses neveux n'en utilisent le papier pour faire des sacs à raisins.

Pour lui la science est restée exactement au point où elle en était au xvi° et au xvii° siècle. La grande œuvre de critique des textes et des monuments réalisée depuis cent ans est non avenue. Il n'en a aucune idée ; les livres où il pourrait apprendre à la connaître ne sont pas à sa portée ; il en ignore jusqu'aux titres, et c'est à peine s'il a vaguement entendu parler de la renommée européenne de leurs auteurs. Il croit fermement à l'autorité de Barrio ou d'Antonini en matière de géographie antique, comme à celle de Pirro Ligorio et de Pratilli en matière d'inscriptions ; il cite sans aucun soupçon, sur la foi de leurs éditions imprimées, la chronique apocryphe de Calabre et la chronique interpolée de La Cava. N'essayez point de lui dire que ce sont là des sources dont il n'est plus permis de se servir, non plus que de réfuter quelqu'un de ses dadas favoris. Il est trop poli pour vous contredire, et il protestera de sa déférence pour un avis plus autorisé que le sien ; mais vous n'aurez fait aucune impression sur son esprit, et à part lui il se dira que les savants étrangers ont des idées bien bizarres.

Malgré tout cela, ces *dotti* de province sont des gens éminemment méritants, et que l'on aurait grand tort de tourner en dérision, de traiter avec dédain. Je collige soigneusement leurs livres pour ma bibliothèque toutes les fois que je peux me les procurer et je les lis sans m'arrêter aux choses qui me donnent envie de sourire. Jusqu'ici il ne m'est pas arrivé d'en rencontrer un où je n'aie trouvé quelque chose à apprendre. Ils ont eu l'occasion de voir des monuments qui ont disparu presque aussitôt après leur découverte ou qui échappent à l'attention des voyageurs de passage ; ils ont fureté dans des documents qui ne sont pas accessibles, dépouillé patiemment des recueils ecclésiastiques qui n'intéressent que le clergé du pays et où nous n'aurions pas l'idée d'aller faire des recherches, sans compter que nous ne les trouverions guère dans les bibliothèques de ce côté des monts. Surtout ils rendent de vrais services en recueillant attentivement toutes les antiquités qui se découvrent autour de leur ville et en formant des collections. Là encore leur critique n'est pas le plus souvent à la hauteur de leur bonne volonté. De malins industriels les prennent plus d'une fois pour dupes. Ils rassemblent pêle-mêle le bon et le mauvais, l'authentique et le faux, qu'ils ne sont pas suffisamment en état de discerner. Mais ils sauvent de la destruction une infinité de monuments intéressants, et la visite de leurs cabinets, qu'ils ouvrent avec empressement au voyageur, fournit à l'archéologue qui explore le pays bien des occasions d'étude et d'instruction.

Précisément Acerenza renferme une collection de ce genre, celle de M. Vosa, formée d'objets de toutes les époques, depuis l'âge de la pierre jusqu'à la Renaissance. Il faudrait en écarter une bonne moitié, fabrications toutes récentes de la main trop féconde d'un orfèvre de la ville, dont on me dit le nom et qui s'est fait faussaire d'antiquités. Aucune de ses œuvres ne pourrait tromper un œil quelque peu exercé. Le reste de la collection donne une idée des petits monuments de toute nature qui se découvrent en remuant la terre à Acerenza et dans les environs, médailles, poteries, terres-cuites, bronzes, etc. Il n'y a là rien de hors ligne, rien qui tenterait un de nos grands amateurs ; mais dans la tendance actuelle de l'archéologie, toute collection de ce genre est d'un prix scientifique, même quand elle n'offre que des pièces secondaires.

Autrefois, il n'y a pas encore bien longtemps, c'est isolément et en eux-mêmes que l'on étudiait les monuments antiques ; on ne s'occupait que de leur mérite intrinsèque sous le rapport de l'art ou de l'érudition. Pour attirer l'attention de l'antiquaire, il fallait qu'un objet fût d'une grande beauté ou représentât un sujet intéressant, que l'on pût expliquer et commenter avec science. Tout ce qui n'offrait pas l'un ou l'autre de ces genres de mérites n'obtenait même pas un regard ; on le rejetait sans en tenir compte, et même en ce qui est des morceaux d'un ordre supérieur, on s'inquiétait peu de leur provenance précise. Par une réaction qui ne pouvait manquer de se produire, l'interprétation des monuments figurés, principale étude des archéologues des générations qui nous ont précédés, est trop négligée de ceux d'aujourd'hui ; beaucoup en ignorent les règles les plus élémentaires. Aucun pays de l'Europe ne pourrait actuellement sous ce rapport citer un nom d'antiquaire vivant à placer sur le rang de ceux d'Ennio-Quirino Visconti, de Gerhard, de Panofka, de Charles Lenormant, d'Otto Jahn. Pour ce qui est de la beauté plastique absolue des objets, au contraire, nous en sommes aussi amoureux que nos pères, et nous connaissons mieux l'histoire de l'art. Jamais les œuvres antiques vraiment belles en elles-mêmes n'ont été plus recherchées des amateurs et des musées, ne se sont payées à des prix plus élevés. Mais on a fini par comprendre que l'antiquité n'est pas un être de raison qu'il faille envisager dans son unité, à la façon des savants de la Renaissance, et qu'il ne suffit même pas d'y introduire les grandes divisions du grec, de l'étrusque, du romain. Le tableau des phases du développement de l'art chez ces différents peuples ne saurait être reconstitué d'une manière exacte sans y introduire, à côté des classements d'époques, une foule de délicates distinctions de provinces, de localités, d'écoles, de fabriques, étude où la question des provenances devient une chose capitale. On s'est également aperçu que les objets les plus vulgaires et les plus insignifiants ne sont pas à dédaigner, qu'il y a intérêt à les observer et qu'ils prennent une valeur toute particulière quand on les envisage au milieu de l'ensemble de ce qui se trouve habituellement dans telle ou telle province, sur le territoire de telle ou telle ancienne ville. Car les ensembles de ce genre, avec ce qui y appartient évidemment à la fabrication locale et ce qui y offre les caractères d'une importation étrangère, apportent à l'observateur autant de chapitres tout faits de l'histoire de l'industrie et du commerce dans les siècles de l'antiquité.

La collection de M. Vosa, à Acerenza, me fournira trois exemples bien caractérisés de la nature des renseignements que l'on peut tirer de cette sorte d'observations. J'y remarque, et après quelques pourparlers je parviens à me faire céder pour le Louvre une petite statuette en bronze d'une femme entièrement drapée, qui formait originairement poignée sur le couvercle d'un vase de même métal. L'exécution est grossière, le costume de la femme tout particulier. C'est une œuvre lucanienne indigène, d'un caractère nouveau pour la science. Grâce à sa provenance certaine, elle servira dans nos musées à classer des objets de même travail, arrivés sans certificat d'origine par la voie du commerce de Naples. Parmi les médailles, je constate avec un certain étonnement la présence de plusieurs tétradrachmes athéniens de la première émission, de celle qui eut lieu sous les auspices de Solon. Ce sont des témoignages matériels d'un commerce d'Athènes avec l'Italie méridionale et les populations œnotriennes, qui occupaient alors le pays, beaucoup plus ancien qu'on n'était porté à l'admettre jusqu'à cette heure. Le fait ainsi constaté donne une valeur inattendue aux traditions assez vagues sur les comptoirs que les Athéniens auraient eus, longtemps avant les guerres Médiques, dans la Siris ionienne et à Scyllètion. De Siris par les deux routes naturelles que fournissaient la vallée du fleuve homonyme (le Sinno d'aujourd'hui) et celle de l'Aciris (l'Agri), traficants et marchandises pénétraient facilement, en quelques journées de marche, au cœur du pays qui fut plus tard la Lucanie. Voici enfin le fond d'un petit vase en poterie romaine lustrée, d'un rouge corallin, où se voit l'estampille bien connue d'un fabricant d'Arretium en Étrurie, Samia, affranchi de L. Tettius. Cette estampille, je l'ai retrouvée quelques jours après au musée provincial de Catanzaro sur deux fragments découverts à Nicotera, vers l'extrémité de la Calabre, et à Strongoli, l'ancienne Petelia. On l'a signalée sur des vases trouvés en France, en Angleterre et dans les Provinces Rhénanes. Ceci permet de mesurer la vaste étendue de l'aire géographique où rayonnaient, au commencement de l'Empire, les beaux produits des manufactures arrétines, bientôt imités d'une manière si brillante par les céramistes gallo-romains.

Acerenza se nommait Acherontia dans l'antiquité. C'est une ville extrêmement ancienne. Sans remonter aux temps préhistoriques, à l'âge de la pierre polie, où une station humaine existait déjà sur sa montagne, il est incontestable qu'il y avait là une ville bien avant l'époque où les Lucaniens d'origine sabellique vinrent s'établir dans le pays et en firent la conquête. Cet événement, il est vrai, ne remonte pas plus haut que le milieu du ve siècle avant l'ère chrétienne. Le pays, presque jusqu'au détroit de Messine, était auparavant occupé par les Pélasges Œnotriens, qui avaient, semble-t-il, passé d'Épire ou d'Illyrie dans le midi de la

Péninsule italique et qui étaient soumis avec une remarquable facilité à la suprématie des villes grecques, fondées aux v⁰ et vi⁰ siècles tout le long de leurs côtes. Dans la portion de l'Italie que tenaient ces Œnotriens, nous retrouvons deux autres villes d'Acherontia, devenues aujourd'hui l'une Cerenzia et l'autre Acri, chacune sur un versant du massif de la Sila, dans la Calabre actuelle, et chacune à côté d'une rivière Achéron. Une ville ainsi nommée suppose, en effet, d'une façon nécessaire, un Achéron sur lequel elle aura été bâtie, et l'on peut affirmer avec certitude que, des deux cours d'eau qui enveloppent Acerenza, celui dont on ignore l'appellation antique, le Signone, devait avoir reçu cette désignation. L'Achéron, comme chacun sait, est un fleuve des enfers. Sa localisation superterrestre est un fait en rapport direct avec le culte des divinités chthoniennes, dispensatrices de la fécondité du sol, qui reçoivent les morts dans leur empire ténébreux et souterrain, culte particulièrement cher aux peuples pélasgiques et qui remonte jusqu'à eux partout où, dans le monde grec, on le trouve établi. Il y avait un fleuve Achéron dans l'Épire, point probable de l'origine des Œnotriens; c'était même le plus fameux parmi ceux du monde des vivants. Par un curieux hasard, j'ai eu l'occasion de visiter dans mes voyages tous les Achérons terrestres que connaît la géographie classique, en Italie et en Épire. Tous sont situés au milieu de paysages sévères et tristes, qui conviennent bien à leur nom infernal.

Malgré la force extraordinaire de sa position, qui devait lui assurer une grande importance stratégique, Acherontia ne se trouve pas mentionnée dans les guerres des Romains contre les Samnites et les Lucaniens, non plus que dans leurs campagnes contre Hannibal. Les inscriptions nous apprennent qu'à la fin de la République et sous l'Empire la ville avait rang de municipe. Elle prétend avoir été dans la contrée celle où la foi chrétienne pénétra le plus tôt, dès le Ier siècle, au dire de ses diptyques. En tous cas, dès le IIIe, sous le pontificat de saint Marcellin, elle posséda un siège épiscopal, dont le premier titulaire s'appela Romanus. C'est peut-être à la vivacité particulière qu'y eut la lutte entre l'ancienne et la nouvelle religion qu'il faut attribuer l'enthousiasme exceptionnel que l'*ordo* ou sénat municipal d'Acherontia paraît avoir témoigné pour Julien l'Apostat. Non seulement l'inscription, depuis longtemps connue, d'un piédestal de statue, employé comme pierre de taille dans la construction de la façade de la cathédrale, présente une dédicace « au réparateur du monde romain, à notre seigneur Claude Julien Auguste, prince éternel, » mais j'ai trouvé, servant de seuil à une des chapelles, le fragment d'une seconde inscription, bien plus monumentale, en l'honneur du même Empereur, et au sommet du pignon de la cathédrale, là où l'on chercherait la figure d'un saint protecteur, l'architecte du XIe siècle a placé le buste jusqu'à mi-corps d'une statue en marbre de Julien, de proportion colossale. Cette statue est d'un très bon travail pour l'époque, exactement comme notre célèbre Julien trouvé à Paris. Seulement, des deux hommes qui étaient en cet empereur, c'est le philosophe qu'a voulu représenter le sculpteur du marbre de Lutèce, tandis que celui du marbre d'Acherontia s'est attaché au soldat. Son front est ceint de lauriers; il porte le costume militaire appelé *paludamentum*. Son menton est enfin garni de cette barbe qu'il se crut obligé de défendre dans un pamphlet contre les railleries des habitants d'Antioche. Certainement Acerenza est le seul lieu du monde où celui qui tenta de restaurer le paganisme expirant, l'apostat flétri des malédictions des Pères, figure triomphalement à la façade d'une église. Le hasard se plaît souvent à de semblables ironies, et le plus curieux est que, suivant toutes les probabilités, on a mis Julien à cette place d'honneur parce qu'à l'époque où l'on a construit la cathédrale, on a cru que sa statue était celle d'un saint. Voici comment. Le patron de l'église est saint Canio, évêque de Juliana, en Afrique, dont on prétend que le corps fut apporté dans la Lucanie à l'époque où les fidèles africains fuyaient devant l'invasion musulmane. Le rapport des proportions respectives semble indiquer que le fragment d'inscription en l'honneur de Julien, qui fait, comme je viens de le dire, le seuil d'une des chapelles de la cathédrale, provient du piédestal de la statue. Or ce fragment présente uniquement les lettres VLIAN. Si, comme il est probable, les deux débris ont été extraits du sol en même temps, les clercs d'Acerenza, entre 1090 et 1100, plus préoccupés du saint Canio que de l'empereur Julien, auront complété l'inscription mutilée en *Julianensis episcopus*, et l'Apostat aurait été ainsi transformé en martyr et protecteur céleste.

Aux temps barbares et dans le premier moyen âge, nous voyons Acherontia ou Acerenza jouer pendant quelques siècles un rôle d'une haute importance. C'était alors la ville la plus forte du pays entre la mer Tyrrhénienne et la mer Ionienne, la clef de la Lucanie et de l'entrée de la Calabre par le nord. Quand l'intrépide Totila, surgissant dans le midi de l'Italie, releva pour un moment la monarchie des Ostrogoths plus qu'à demi détruite sous les coups de Bélisaire et balança la fortune des armes byzantines, un de ses premiers soins fut de s'emparer d'Acherontia, de la mettre en état de défense et d'y installer une forte garnison. Jusqu'à la fin de la lutte, cette place resta le pivot de la défense des armées gothiques dans la région. Peu après, les Longobards en devenaient maîtres et en faisaient le siège d'un de leurs *castaldi* ou chefs de districts, dépendant du duché de Bénévent. Comme la cité ducale dont elle relevait, Acerenza resta aux mains des Longobards, même après la destruction de leur royaume par les Francs. En 787, quand Charlemagne reconnut à Grimoald, fils d'Arichis, la principauté de Bénévent, que son père avait su rendre indépendante à la chute du roi Didier, il lui imposa comme condition d'abattre les murailles d'Acerenza, de Salerne et de Conza, regardées comme ses principales forteresses. Mais comme le grand Empereur ne se souciait pas d'engager si loin ses armées, la condition ne fut jamais exécutée.

La collection de M. Vosa renferme quelques beaux bijoux de travail longobardique, trouvés dans le voisinage immédiat d'Acerenza et pareils à ceux qui ont été découverts sur différents points du nord et du centre de l'Italie. Ils rentrent dans la donnée générale de la joaillerie des peuples germaniques établis sur le sol romain, Francs, Burgondes, Ostrogoths et Visigoths, que caractérisent l'emploi presque exclusif du grenat, vrai ou imité, serti dans l'or, et certaines formes d'ornementation d'une élégance barbare ; mais ils y constituent un type particulier, inférieur comme goût et comme travail aux œuvres des Burgondes et des Goths. On sent à les voir que les Longobards étaient de tous les envahisseurs germaniques les plus arriérés dans la barbarie à l'époque où ils franchirent les Alpes et aussi les moins aptes à s'assimiler la civilisation de leurs vaincus. Dans la même collection, ce que l'on peut appeler historiquement la seconde période longobarde dans le midi de l'Italie, est représenté par un petit trésor de pièces d'or des premiers princes indépendants de Bénévent, et le temps des guerres gothiques, avec ses dévastations et ses terreurs, par une cachette de monnaies d'or de Justinien.

Sicon, qui assassina Grimoald II en 817 et se fit à sa place prince de Bénévent, était castaldus d'Acerenza. Un siècle et demi plus tard, quand l'ancienne principauté fondée par Arichis fut divisée en deux, celle du Bénévent et celle de Salerne, par Radelgis et Siconulfe, chacun de ces princes prit pour lui une part du territoire qui avait dépendu jusque-là d'Acerenza. Mais nous n'en voyons pas moins ensuite cette ville garder des comtes longobards, Herimann en 923, Grégoire en 932, Humbert en 1012. Ce n'est, en effet, que vers 1020 qu'Acerenza fut conquise par les Grecs, sous le catapanat du Basilios Boyoannis, dont le nom paraît avoir été la source de celui de la province de Basilicate, acquise par ses armes à son souverain. Acerenza tomba tardivement au pouvoir des Byzantins et n'y resta guère plus de vingt ans ; aussi son évêché, qui relevait de l'archevêque de Salerne, ne passa pas au rite grec et ne fut jamais rattaché à l'obédience du Patriarche de Constantinople.

Acerenza fut une des premières villes occupées

par les Normands; dans le partage de 1053 nous la voyons attribuée au comte Asclitin. Mais cette possession fut d'abord précaire et soumise à beaucoup de vicissitudes, car nous trouvons ensuite Acerenza comptée parmi les villes qui se soumirent à payer tribut à Humfroi, après la bataille de Cività, en 1053, et les chroniqueurs enregistrent en 1061 sa prise d'assaut par Robert Guiscard. C'était dans sa campagne contre le général byzantin Abou-l-Khareg, qui, débarqué à Bari, avait occupé momentanément une partie de la Pouille et lancé ses détachements jusque dans la Basilicate, tandis que lui-même assiégeait Melfi, ainsi que nous l'avons raconté plus haut, à propos de l'histoire de cette dernière ville. Cette fois, Acerenza était définitivement conquise et si bien incorporée à la monarchie normande, comme à celles qui lui succédèrent, qu'elle ne fait plus guère parler d'elle dans l'histoire. Son nom reparaît cependant sous le règne de Roger, lequel la prit en 1133 sur Tancrède, comte de Conversano, spoliateur de son seigneur légitime. C'est, paraît-il, Robert Guiscard qui avait réuni au diocèse d'Acerenza celui de Matera, lequel avait ses évêques propres au xe siècle et au commencement du xie. En 1203, le Pape Innocent III en éleva le siège à la dignité d'archevêché, dont il fit dépendre les cinq évêchés de Venosa, Potenza, Anglona et Tursi, Tricarico, Gravina, organisation qui s'est maintenue jusqu'à nos jours.

En 1223, comme nous l'avons narré plus haut, Acerenza dans la Basilicate fut, avec Lucera dans la Capitanate et Girofalco dans la Calabre, une des trois localités où Frédéric II transporta sur le continent la majeure partie des Arabes de Sicile. La colonie musulmane d'Acerenza n'eut pas une longue existence, car, dès 1239, Frédéric lui-même fit passer la plupart des guerriers qui la composaient à Lucera, où il concentrait les cantonnements de ses Sarrasins. Pourtant, il en restait encore un certain noyau dans le commencement de 1255, puisque c'est auprès de ces musulmans à Acerenza que Jean le Maure chercha un refuge, quand la nouvelle des succès inattendus de Manfred et la mort d'Innocent IV dispersa les partisans de la cause papale et les déserteurs de celle de la maison de Souabe, qui s'étaient groupés autour du Souverain Pontife à Aversa, puis à Naples. Il espérait que ce petit groupe de Sarrasins ne ferait pas comme ceux de Lucera, qu'ils continueraient à le reconnaître pour leur chef et qu'appuyé sur eux il obligerait Manfred à compter avec lui, à le recevoir en grâce. Mais son calcul fut déçu. Les musulmans d'Acerenza le reçurent comme un traître qu'il était. Ils s'emparèrent de sa personne et le mirent à mort. Puis, après lui avoir coupé la tête, ils l'envoyèrent au fils de Frédéric comme hommage de leur fidélité. Cette colonie arabe, alors déjà bien diminuée, réduite à fort peu de chose, disparaît ensuite absolument des annales du royaume napolitain.

La cathédrale est le seul monument d'Acerenza; mais il est intéressant. La construction en a été commencée en 1080 par l'évêque Arnaud, après qu'il eut découvert les ossements de saint Canio, déposés dans l'église antérieure qu'avait bâtie en 799 l'évêque Léon. L'incendie accidentel qui consuma la ville en 1090 n'arrêta pas les travaux; ils étaient achevés avec la fin du siècle. La cathédrale d'Acerenza est un édifice d'une simplicité grandiose et sévère, mais un peu nu, car ni les chapiteaux ni les modillons de l'extérieur ne sont égayés par des sculptures soit de feuillages, soit de figures. C'est en même temps le monument le plus normand, au sens propre du mot, de tout le midi de l'Italie ; on croirait vraiment une église des environs de Caen ou de Rouen, du temps de Guillaume le Conquérant. Le plan est pareil à celui de l'église inachevée de l'abbaye de la Trinità de Venosa, c'est-à-dire absolument français et en dehors des habitudes italiennes. Nous y retrouvons également la circulation autour du chœur et les chapelles absidales.

Extérieurement, la cathédrale était fortifiée ; on s'était arrangé pour que, dans un cas de nécessité suprême, elle pût fournir aux défenseurs de la ville un réduit à l'extrémité orientale de l'enceinte. Des créneaux, dont il ne subsiste plus aujourd'hui qu'un petit nombre de vestiges, mais bien reconnaissables, couronnaient le sommet de ses murs, et des tourelles s'élevaient aux angles saillants des bras du transept. La façade présente un pignon aigu d'une grande élévation, au sommet duquel on a placé le buste de l'empereur Julien ; deux tours carrées, formant clochers, l'accompagnaient des deux côtés. Elles ont été renversées par des tremblements de terre, car le pays est fort sujet à ce genre de fléau. L'une, celle de l'ouest, n'a jamais été rebâtie ; il n'en subsiste que la base. L'autre a été réédifiée dans le style de la Renaissance, en 1555, par le cardinal Michelangelo Saracero, archevêque d'Acerenza. L'architecte en fut maître Pietro, natif de la ville voisine de Muro. La rose de la façade a été refaite vers la même époque. Le portail, au contraire, formant porche en saillie et richement sculpté, est toujours celui du xii° siècle. Ses deux colonnes de marbre de couleur, empruntées aux ruines de quelque édifice antique, reposent à leur base sur deux groupes d'une incroyable obscénité, l'un d'un grand singe et d'une femme, l'autre d'un homme et d'une guenon. Le regretté A. de Longpérier a fait remarquer que, grâce à leurs relations avec les Arabes, les artistes de l'Italie normande connaissaient assez bien les éléphants, animaux qui servent de supports au siège de marbre de l'archevêque Ursone dans la cathédrale de Canosa. Les groupes du portail de la cathédrale d'Acerenza montrent qu'ils avaient aussi par la même voie des notions sur les grands singes de l'archipel Indien, lesquels jouent un rôle dans les aventures de Sindbad le marin. Ces groupes ont du reste, dans les derniers temps, donné lieu à un petit conflit. En prenant possession de la cathédrale, l'archevêque actuel les avait fait enlever par pudeur; le chapitre, par amour de l'archéologie, s'est uni à la municipalité pour en imposer la remise en place.

A l'intérieur, l'aspect a été fort dénaturé par l'exécution de voûtes de maçonnerie, que l'on a substituées, il y a une quarantaine d'années, à la charpente apparente de la couverture. L'idée n'était pas plus heureuse au point de vue de la beauté que de la solidité de l'édifice. Les voûtes ont été lézardées dans tous les sens par le tremblement de terre de 1857; elles menacent ruine, et on est obligé maintenant de les reprendre en sous-œuvre. Ce qu'on aurait de mieux à faire serait de les démolir pour remettre l'église dans son état primitif. Le chœur est élevé d'environ deux mètres au-dessus du pavé du reste de l'édifice et même du bas-côté qui l'entoure. Par-dessous règne une crypte qu'ont fait refaire et décorer en 1523 Giacomo Alfonso Ferrillo, comte de Muro, et sa femme Marie de Baux. C'est une œuvre exquise comme architecture et comme sculpture. Les ornements en *grotteschi* couvrant les voûtes et les pilastres, les chapiteaux des colonnes et surtout le beau bas-relief de bronze placé au-dessus de l'autel, ont la grâce pleine de morbidesse, la suavité charmante et la souple élégance des œuvres de Giovanni da Nola. Enfin, chose infiniment rare dans les provinces de l'extrême midi de la péninsule, la cathédrale d'Acerenza possède deux bons tableaux sur les autels majeurs des deux transepts. L'un, celui du transept de droite, m'a paru de Polydore de Caravage ; l'autre est de quelque peintre napolitain que je n'ai pas su déterminer, lequel procédait de l'école de Raphaël, mais par l'intermédiaire de Jules Romain, dont il a imité la dureté de dessin et le coloris briqueté dans les chairs.

On voit par ces brèves indications quel degré d'intérêt présente la cathédrale d'Acerenza. Elle mériterait d'être soigneusement relevée par un architecte, car elle est un des monuments les plus précieux pour la chronologie de l'art dans les domaines des princes normands. Schulz, dans ses remarquables études sur les édifices du moyen âge dans l'Italie méridionale, s'est complètement mépris sur la date des rares églises d'un roman tout français telles que celle-ci. Il pense qu'elles appartiennent à une époque avancée déjà dans l'existence de la monarchie fondée par les fils de Tancrède de Hauteville. C'est le contraire qui est vrai. Les monuments de ce type sont en réalité du premier demi-siècle de l'établissement des Normands. Il n'existe aucune raison de contester les dates traditionnelles du commencement des travaux des deux plus importantes de ces églises : 1065 pour celle de Venosa, 1080 pour celle d'Acerenza. En France on n'hésiterait pas à les leur attribuer. Je dirai plus, ce n'est qu'en les acceptant pour exactes que l'on peut arriver à une reconstruction satisfaisante de l'histoire de l'architecture aux xie et xiie siècles dans les Pouilles et la Basilicate. Lorsque les Normands se rendirent maîtres du pays, ils y trouvèrent déjà florissant un système architectural qui s'était formé avant eux sous la domination grecque, un style procédant à la fois du byzantin et de l'arabe et en combinant les éléments, dont la cathédrale de Canosa et celle de Siponto peuvent être tenus pour les types les plus caractéristiques et les plus achevés. Ce style, pendant toute la seconde moitié du xie siècle, fut encore employé sans modifications dans une partie de leurs édifices, dans ceux pour lesquels ils s'adressèrent aux maîtres constructeurs indigènes. Il semble même que, dans les domaines de Bohémond, il se soit conservé plus tard qu'ailleurs, jusque vers 1115, comme si une influence syrienne l'y avait entretenu et renouvelé ; Antioche et

Tarente, soumises au même prince, se seraient ainsi donné la main sur le terrain de l'art. Mais, à côté de ce style byzantino-arabe, la venue des nouveaux dominateurs en avait introduit un autre, le roman de notre pays. Robert Guiscard, dont il faut faire intervenir ici l'influence personnelle puisque la Trinità de Venosa était son œuvre, Robert Guiscard voulait avoir dans ses nouveaux États des églises pareilles à celles que, tout jeune, il avait admirées et vu construire dans sa Normandie. Il faisait donc venir de là-bas des architectes comme ceux qui ont travaillé à Venosa et à Acerenza, et ceux-ci transportaient sur le sol italien toutes leurs traditions d'école. La coexistence des deux styles rivaux est ainsi le fait qui se produisit le premier, au lendemain de la conquête, et c'est seulement alors qu'on peut l'admettre, l'expliquer historiquement. Plus tard, au contraire, dans le xiie siècle, il se produisit une fusion de ces deux systèmes ; les maîtres étrangers eurent des élèves indigènes; les données des écoles, d'abord en antagonisme, se combinèrent en une harmonieuse synthèse. C'est ainsi qu'on vit naître et régner, de 1100 à 1200, dans les provinces gouvernées par les descendants de la maison de Hauteville, un style d'architecture original et nouveau, le véritable style italo-normand, où les influences normande et bourguignonne se marient avec les traditions byzantines, et quelques emprunts faits au roman de la Toscane, où la décoration des églises est en grande partie puisée de l'autre côté des Alpes, mais où leurs plans sont franchement italiens, n'admettant, par exemple, jamais cette circulation autour du chœur que nous venons d'observer encore une fois à Acerenza.

PIETRAGALLA

Lorsque, des remparts d'Acerenza, on regarde du côté du sud-ouest, on voit un peu en avant du sommet de l'échine de montagnes qui sépare de Potenza et de la vallée du Basiento, presque à la crête de ces montagnes, le bourg de Pietragalla, gros village encore plutôt que bourg malgré ses 4,000 habitants, car ceux-ci ne sont guère que des paysans. On croirait presque qu'on va le toucher de la main et on s'imagine qu'il suffira de bien peu de temps pour y arriver. Mais comme il faut descendre du pic d'Acerenza dans le fond de la vallée du Bradano, puis remonter jusqu'à la même hauteur par une interminable côte, on y met au moins deux heures et demie.

Rien de plus pauvre ni de plus sauvage que

Pietragalla. Je n'ai pas pu y trouver à prendre une tasse de café autre que ce qu'on décorait du nom de *caffè di paese*, décoction amère de glands de chêne grillés. Jusqu'au xve siècle, ce n'était qu'un hameau dépendant de Casalaspro, fief assez important du comté de Muro sous les Angevins, qui avait fini par être érigé en duché à l'époque où les Aragonais multiplièrent si incroyablement les titres de ducs et de princes dans le royaume de Naples. Il y a encore aujourd'hui un duc de Casalaspro, qui est en même temps baron de Pietragalla ; mais depuis longtemps Casalaspro n'existe plus. Un tremblement de terre l'ayant renversé en 1456, la plupart des habitants se retirèrent à Pietragalla ; un autre tremblement de terre, celui qui dévasta toutes les localités de la Basilicate le 8 septembre 1694, acheva de faire abandonner Casalaspro et renversa les quatre tours qui restaient debout du château. A l'endroit qu'occupait jadis cette seigneurie, dont le principal éclat fut au xive siècle, on ne rencontre plus que des décombres informes.

Le misérable bourg de Pietragalla ne mériterait pas une mention s'il n'avait pas eu, il y a vingt et un ans maintenant, sa page d'histoire. C'est là que se passa l'épisode le plus considérable de ce brigandage politique des premières années de l'établissement du régime de l'unité italienne dans le royaume napolitain, dont le souvenir est toujours si vivant dans le pays. Partout où je passe on me raconte les histoires tournant en légende de cette époque terrible où l'on ne pouvait plus aller sans danger d'une localité à l'autre; à l'accent avec lequel on me dépeint les cruautés des chefs de bandes, on sent quelles terreurs et quelles colères leurs noms seuls suffisent encore à réveiller. Mon compagnon de voyage, M. Michele La Cava, qui avait alors vingt et un ans, a vu rapporter un soir le corps sanglant de son père, signalé comme libéral et patriote, et comme tel assassiné par la bande de Crocco, tandis qu'il allait visiter une de ses propriétés.

Je le répète, c'est Pietragalla qui vit l'épisode décisif de cette sorte de chouannerie. C'est devant cette bicoque que vint échouer définitivement Borgès et avec lui tout espoir de soulever contre la révolution nationale une Vendée napolitaine, ou plutôt — car ce nom de Vendée est trop noble et trop pur pour qu'on puisse l'appliquer aux hordes qui avaient servi la cause royale en 1799 — quelque chose de semblable à l'armée de la Sainte-

Foi que le cardinal Ruffo conduisit victorieusement du fond de la Calabre jusqu'à Naples en marquant son passage par un fleuve de sang.

On était dans l'automne de 1861 ; il y avait un an seulement que Garibaldi était entré à Naples, six mois que François II avait dû quitter Gaëte après cette défense qui avait fait à la monarchie des Bourbons des funérailles dignes de ses ancêtres français. Le pays était encore dans un état de profonde confusion ; tous les éléments de désordre que déchaîne inévitablement une révolution s'y donnaient carrière. Les rouages de l'ancienne machine gouvernementale étaient détruits, ceux de la nouvelle commençaient à peine à s'organiser. Bien qu'il se fût affaissé d'une manière irrémédiable sous le poids de ses propres fautes et de la corruption de ses agents, quoique l'immense majorité du pays l'eût irrévocablement condamné, le régime déchu de la veille conservait encore des partisans actifs, qui cherchaient à le restaurer par tous les moyens. Au milieu du désordre général, en profitant de la désorganisation passagère des éléments de répression, le brigandage avait pris un développement effrayant dans les provinces où il était depuis longtemps à l'état endémique.

La dispersion de l'ancienne armée royale, qui dans les Calabres et la Basilicate avait fondu sans combattre, avait fourni de nombreuses recrues aux bandes des malfaiteurs. Bientôt certains chefs qui antérieurement avaient déjà fait leurs preuves dans le brigandage, comme Chiavone sur la frontière des États Pontificaux, Mittica dans l'Aspromonte, les frères La Gala dans la Sila, Crocco dans le Vulture, d'autres dans les Abruzzes, avaient vu se grouper autour d'eux de vraies petites armées et terrifiaient le pays; ils étaient devenus des personnages importants, dont le nom remplissait les journaux et occupait la politique européenne.

Le métier était bon. Suivant l'exemple mémorable et classique que Frà Diavolo et Mammone, devenus colonels de l'armée royale par la grâce du cardinal Ruffo, avaient légué à leurs successeurs, tous se masquaient en fidèles du roi détrôné. Jamais, dans le royaume de Naples, on n'a vu le brigandage arborer une bannière politique autre que celle de la réaction, contre la République en 1799, contre Joseph Bonaparte et Murat de 1806 à 1814, contre la royauté constitutionnelle de la maison de Savoie après 1860. Mais pour quiconque connaît les conditions du pays, il est facile de comprendre comment, du moment qu'on se faisait brigand, l'avantage professionnel était de se déclarer bourbonien, et non pas libéral. Dans les provinces tous les gens éclairés, la noblesse en général, c'est-à-dire la majorité des propriétaires, des gens riches, appartenaient au parti libéral, avaient embrassé avec ardeur la cause de l'unité italienne. C'étaient ceux dont les fermes étaient bonnes à piller, les personnes à entraîner dans les montagnes pour ne les relâcher que contre une grosse rançon. Ce n'est pas à dire que, lorsque les bandits mettaient la main sur un homme connu par sa fortune et qui ne se mêlait pas de politique, ils se fissent faute de l'enlever, de lui couper le nez ou les oreilles pour stimuler le zèle de sa famille quand la rançon se faisait trop attendre, enfin de l'égorger, si elle ne venait pas. Tout en ayant ainsi les bénéfices du métier, les brigands touchaient, à titre d'insurgés, les subsides des comités légitimistes de l'étranger, qui persistaient à les regarder comme des chevaliers du droit calomniés par la presse piémontaise.

Ces comités étaient de bonne foi; on l'était aussi dans l'entourage de François II retiré à Rome, quand on croyait aux protestations de fidélité des chefs de bandes, et on comptait sur une prompte restauration due à leur vaillance. Cependant on commençait à trouver que cette restauration tardait plus qu'on n'avait cru, que les bandes n'arrivaient à aucun résultat qui en valût la peine. On jugea indispensable de grouper leurs efforts ; on crut le moment venu de frapper un grand coup. Les intrigants affluaient au Palais Farnèse, affirmant que la population de l'ancien royaume napolitain tout entière frémissait sous le joug étranger, et qu'indubitablement la levée de la première conscription ordonnée par le gouvernement de Turin donnerait le signal d'une insurrection générale. Mais il fallait quelqu'un pour prendre en main le commandement de cette insurrection, quelqu'un dont le royalisme fût assez sûr, la bravoure et la capacité militaire à la hauteur de la tâche. François II ne trouva point cet homme parmi les anciens officiers de son armée ; il le chercha dans José Borgès.

C'était un Catalan qui avait été l'un des plus brillants chefs du carlisme espagnol. Ame ardente et pleine de foi, caractère chevaleresque, il avait dévoué sa vie à la cause de la légitimité. Nul n'était plus brave sur le champ de bataille, plus hardi dans ses entreprises et ne connaissait mieux les conditions de la guerre de partisans. Nul surtout, chose rare parmi les *cabecillas*, n'était plus loyal et plus désintéressé ; nul n'avait les mains plus pures. Jamais, dans un genre de guerre où le pillage est si facile, il n'avait cherché à tirer parti des aubaines de la maraude. Exilé de son pays, il vivait pauvre et dans la retraite. C'est là que vinrent le chercher les envoyés du roi de Naples. Un roi détrôné, parent de celui dont il avait porté la cocarde, réclamait ses services. Il n'hésita pas un instant à répondre à cet appel et, sans rien demander de plus, il partit. Le 14 septembre 1861, Borgès, ayant pour lieutenant un Français, Auguste Langlois, ancien capitaine aux zouaves pontificaux, débarquait à Brancaleone, près de Reggio, suivi de cent Espagnols, vétérans du carlisme.

Il venait faire en soldat une guerre loyale et régulière, résolu à ne pactiser avec aucune pratique honteuse, avec aucun excès qui pût entacher l'honneur de son drapeau. C'est ce qu'il annonçait dans la proclamation qu'il lançait en débarquant pour appeler les populations aux armes et dans une lettre d'un ton singulièrement chevaleresque qu'il adressait en même temps aux commandants des troupes italiennes, comme le cartel d'un paladin de l'école des Amadis. Il traversa plusieurs bourgs sans que personne répondît à son cri d'insurrection, vînt se joindre à sa petite troupe. Le pays ne montrait aucune disposition à cette révolte universelle qu'on lui avait promise. Il dut en toute hâte se jeter dans l'Aspromonte, où l'attendait la bande de Mittica. Dès la première entrevue, Borgès comprit à qui il avait affaire. Quant à Mittica, cet étranger qui venait lui parler d'honneur et de dévoûment, qui prétendait lui commander, ordonnait de se battre et défendait de voler, lui parut suspect ou tout au moins gênant. Il le mit en état d'arrestation et le fit désarmer avec ses compagnons. Le rusé Calabrais faisait d'eux des otages bons à tenir en réserve pour quelque négociation future, où il pourrait, en les livrant aux Italiens, s'assurer d'être reçu à composition si la chance tournait trop mal pour lui.

Les événements déjouèrent son calcul. Quelques jours après, une colonne de plusieurs bataillons de *bersaglieri* attaquait à l'improviste les brigands de l'Aspromonte. Comme les choses devenaient sérieuses, les fusils furent rendus aux Espagnols.

Après un engagement très vif, mais court, les bandits se dispersèrent; Mittica lui-même se rendit prisonnier. Borgès avec ses compagnons, imposant aux ennemis par leur fière contenance, opérèrent leur retraite en bon ordre, suivis de quelques individus de la bande qui montraient plus de cœur que les autres. Ils se mirent en marche vers le nord en suivant les parties les plus inaccessibles des montagnes. Le 9 octobre, ils tentaient de surprendre Catanzaro, mais ils y étaient si vigoureusement reçus que tous se débandaient. Borgès lui-même, abandonné, dut prendre la fuite avec sept compagnons seulement et se jeta dans les forêts de la Sila. Pendant plus d'un mois, on y perdit sa trace et l'on n'entendit plus parler de lui.

A ce moment, le massif de la Sila était tout entier au pouvoir de Cipriano La Gala, qui disposait de plusieurs milliers d'hommes, cantonnés dans les bois immenses de la haute montagne. Il adressait au général commandant à Cosenza et au préfet des lettres où il les traitait d'égal à égal. Évidemment, en choisissant la Calabre pour lieu de débarquement, Borgès avait compté trouver dans les forces de La Gala une division tout organisée de sa future armée. Mais le roi de la Sila ne se soucia pas de se soumettre à l'autorité régulière du chef qu'on avait voulu lui donner. De son côté, Borgès recula devant l'idée d'une association avec cet homme couvert de crimes, dont le procès, deux ans plus tard, a révélé tant d'atrocités révoltantes, de vols qu'aucune passion politique ne pouvait excuser. Il erra donc au travers des forêts, menacé de tous côtés des plus grands dangers, obligé de se cacher des prétendus insurgés autant que des lieutenants du général La Marmora.

Cependant il lui fallait tenter quelque chose. Les renseignements qu'on lui fournit sur Donatello Crocco, qui avait rassemblé une troupe assez nombreuse dans les bois du Vulture, lui firent espérer de trouver dans ce chef, sinon un pillard moins avide du bien d'autrui que les autres, du moins un homme plus brave, qui se prêterait à des opérations militaires. Borgès résolut donc de le rejoindre pour entreprendre une campagne dans la Basilicate. Le choix seul de cette province montre à quel point on l'avait mal renseigné sur le pays. Il n'en était pas une où il dût rencontrer plus de difficultés pour ses projets. Depuis plus d'un demi-siècle, la Basilicate se distinguait par l'ardeur de libéralisme de la population de ses villes. Dans aucune autre le cardinal Ruffo n'avait trouvé une plus opiniâtre résistance ni Murat plus de dévoûment. L'année précédente encore, toutes les villes de la province s'étaient soulevées et avaient chassé les troupes royales à la seule nouvelle du débarquement de Garibaldi à Melito, et c'est cette diversion inattendue sur les derrières de l'armée opposée en Calabre au dictateur révolutionnaire qui avait désorganisé tous les plans de résistance des généraux de François II. Une entreprise bourbonienne était donc sûre d'échouer en Basilicate, encore plus que partout ailleurs.

Borgès, toujours en se cachant, avait gagné le Lagonegrese, puis les montagnes boisées des environs de Saponara. De là il s'était mis en rapport avec Crocco et l'avait appelé à lui. Le 3 novembre, les bandes descendues du Vulture, après avoir été rejointes par le général sous les ordres duquel elles allaient se placer, occupaient le bourg de Trivigno, dont la position inexpugnable commande la vallée du Basiento. Les troupes italiennes étaient peu nombreuses dans la province; elles demandèrent des renforts à Naples, et, en attendant, ne se sentirent pas en mesure d'aller déloger de leurs cantonnements les forces commandées par Borgès.

Celui-ci resta près de quinze jours à Trivigno sans être inquiété, s'occupant à organiser sa petite armée, qui s'accroissait à vue d'œil. Il avait, en effet, dû reconnaître que la cause du monarque légitime était, au fond, parfaitement indifférente à ceux qui prétendaient avoir pris les armes pour elle, que l'appât du butin les faisait seul agir et que ce n'était que par cet appât qu'il pourrait recruter des soldats. Surmontant donc les répugnances de son honneur, il avait promis à ceux qui voudraient le suivre le pillage des villes dont ils s'empareraient de vive force. A dater de ce jour, les recrues commencèrent à lui arriver et les bandes qui avaient répondu à son appel montrèrent plus d'ardeur, plus de disposition à la lutte.

Bientôt on s'enhardit à exécuter quelques pointes autour de Trivigno. Un détachement de *bersaglieri*, surpris en marche, fut détruit. Ce petit succès donna confiance, et Borgès crut le moment venu d'entamer des opérations sérieuses. Le 16 novembre, il emportait le bourg de Vaglio, dans le voisinage de Potenza. Conformément à sa promesse ce bourg fut mis à sac, et de tels excès y furent commis que le lendemain l'évêque de Potenza, qui pourtant sympathisait de cœur avec la cause bourbonienne, publia un mandement pour déclarer à ses diocésains que la conscience ne permettait pas à un chrétien de s'associer à des crimes de ce genre. Le 18, Borgès, évitant Potenza bien gardée, conduisait les mêmes bandes devant Pietragalla, d'où il espérait, par la forêt de Banzi, donner la main à celles de la Pouille et de la Capitanate.

Pas un soldat ne se trouvait dans le canton. La garnison la plus voisine était celle de Potenza, trop insuffisante pour oser s'aventurer hors de la ville. Les habitants de Pietragalla n'avaient donc aucun espoir d'être efficacement secourus; ils ne pouvaient compter que sur eux-mêmes et peut-être sur les gardes nationales voisines. Plus de deux mille hommes les cernaient. Ils ne prirent pas moins la résolution de résister jusqu'à l'écrasement plutôt que d'accueillir les brigands. Les rues du bourg furent barricadées à la hâte, les maisons crénelées, et l'on répondit par des coups de fusil aux sommations du cabecilla venu d'Espagne. La lutte se prolongea plusieurs heures malgré la disproportion des deux partis. Somme toute, en dépit des efforts de Borgès, l'attaque était molle; on ne parvenait pas à empêcher les assaillants, aussitôt qu'une maison était prise, de se mettre à la piller au lieu de continuer à combattre. La défense, au contraire, était d'une rare énergie. Les gens de Pietragalla disputaient aux brigands maison après maison, avec un tel acharnement qu'ils leur tuèrent ou blessèrent plus de cent hommes. Mais leurs munitions commençaient à s'épuiser ; ils avaient, de leur côté, bien des morts et des blessés. Déjà la moitié du bourg avait été conquise, pillée et livrée aux flammes. Ses défenseurs allaient succomber sous le nombre, quand tout à coup ils entendirent des sonneries de clairon dans la campagne. A ce bruit ils virent leurs assaillants hésiter, se troubler, puis bientôt se disperser dans toutes les directions comme une volée d'oiseaux pillards, sans attendre l'intervention de la troupe qui s'annonçait par ces fanfares.

Cette troupe n'avait pourtant rien de formidable. La population d'Acerenza, du haut de sa montagne, avait pu suivre avec une poignante émotion les péripéties de l'attaque de Pietragalla. La garde nationale s'était rassemblée. Elle ne disposait que d'une centaine d'hommes pour tenter une expédition au secours de ses voisins. Une aussi petite poignée de combattants, en se risquant contre des bandes vingt fois plus nombreuses, n'avait guère d'autre chance que de se faire écraser inutilement. Mais c'étaient des gens de cœur, et coûte que coûte ils avaient résolu de faire leur devoir. Au moment du départ une idée lumineuse traversa l'esprit de leur capitaine. On n'avait que bien peu d'hommes à mettre en ligne; mais par un heureux hasard il se trouvait à la mairie six vieux clairons. L'officier les fit prendre et chercha des hommes qui sussent en sonner tant bien que mal. Arrivé au fond de la vallée, après avoir descendu en se dissimulant dans les vignes, il divisa sa petite troupe en deux détachements auxquels il fit prendre des chemins creux qui pussent cacher leur nombre véritable. Et il ordonna, pendant toute l'ascension de la montagne, de faire aller les trompettes à pleins poumons en faisant le plus de tapage possible. Cette ruse de Peau-Rouge était bien naïve; pourtant elle réussit. Les brigands, au milieu de leur assaut, entendirent derrière eux, dans deux directions, des clairons qui semblaient annoncer l'arrivée de plusieurs compagnies d'infanterie. Ils furent pris de panique. Au lieu de s'exposer en continuant la lutte, ils ne pensèrent plus qu'à mettre en sûreté ce qu'ils avaient déjà pillé, et d'un commun élan ils s'enfuirent à toutes jambes avec leur butin vers les bois de Monticchio et de Lagopesole. Borgès essaya vainement de les ramener au combat; désespéré, la mort dans l'âme, il fut entraîné dans le torrent de leur fuite, dont Crocco en personne avait donné le signal. C'est ainsi que la garde nationale d'Accerenza délivra ses voisins de Pietragalla sans avoir eu à brûler une amorce. Depuis le siège de Jéricho, de biblique mémoire, jamais sonneries de trompettes n'avaient produit à la guerre un effet aussi merveilleux.

Les jours suivants des troupes arrivèrent de Naples et se joignirent aux gardes nationales de la contrée. On cerna les bois où s'étaient réfugiées les bandes, réduites désormais à cinq ou six cents hommes, et on se prépara à les fouiller minutieusement. Cependant la discorde était complète entre ceux qui avaient conduit l'entreprise. Crocco et les autres chefs de bandes reprochaient à Borgès de les avoir menés à leur perte. Le vaillant Espagnol les traitait de voleurs et de couards; il désespérait d'une cause qui ne trouvait que de pareils défenseurs. Pourtant, dans la situation sans issue où l'on se voyait, il parvint à les entraîner à une suprême tentative sur Pescopagano. Elle eut lieu le 28 novembre et fut encore plus désastreuse que celle de Pietragalla. Il n'y eut même pas à proprement parler de combat ; dès les premiers coups de fusil la déroute des brigands fut complète ; ils coururent au plus vite se cacher de nouveau dans les bois.

Le soir même une idée infernale surgit dans l'esprit de Donatello Crocco. Puisque tout espoir de succès était perdu, puisqu'il n'y avait plus moyen de piller les libéraux de la Basilicate, avant de chercher à regagner en se coulant sous bois ses repaires du Vulture, il y avait du moins un bon coup à faire en dévalisant les étrangers que le roi avait envoyés pour les commander. Borgès et ses compagnons était porteurs de sommes assez fortes en or, dont on les avait munis en les faisant partir pour subvenir aux premières dépenses de l'expédition. Ils les avaient ménagées autant qu'ils avaient pu, et les bandits dont ils avaient dû faire leurs soldats savaient qu'une bonne part en restait intacte. Brisés de fatigue, les quelques aventuriers carlistes dormaient. On se jeta sur eux pendant leur sommeil, on les dépouilla de leur argent, de leurs effets et de leurs armes, et on les chassa devant soi sans ressources dans un pays dont ils parlaient à peine la langue et où ils étaient partout traqués. Crocco espérait qu'en se mettant à leur poursuite les troupes le laisseraient plus facilement échapper.

Borgès n'eut plus dès lors qu'une seule pensée, gagner Rome et s'y présenter devant François II ; une fois là dire enfin toute la vérité à ce roi dont il n'avait pu servir efficacement la cause d'une autre manière, lui montrer à quel point on le trompait, et le détourner d'envoyer après lui d'autres braves gens chercher la mort dans une entreprise impossible. Avec trois compagnons fidèles, déguisés en paysans, il se mit en route vers les montagnes des Abruzzes, par où il espérait gagner plus facilement la frontière pontificale. On marchait de nuit, autant que possible par les forêts ou la crête de l'Apennin, dormant en plein champ, évitant les lieux habités, excepté quand la faim contraignait à se présenter à quelque *masseria* isolée pour s'y procurer du pain, dépistant les patrouilles qui parcouraient le pays. Ce que Borgès déploya d'habileté de sauvage, de hardiesse, de ruse et de fertilité d'inventions dans cette longue et périlleuse fuite est quelque chose d'inouï. Il croyait enfin toucher au but, le lendemain il allait franchir la frontière et se trouver à l'abri des poursuites, quand il fut arrêté dans les environs de Carsoli. Prisonnier, il se nomma fièrement. On le conduisit à Tagliacozzo, où on le fusilla le 15 décembre. Sa contenance devant la mort fut intrépide et sans forfanterie ; il mourut comme il avait vécu, en soldat convaincu d'une idée.

On avait trouvé sur lui divers papiers importants, entre autres le mémoire, écrit dans les étapes de sa dernière odyssée, qu'il voulait remettre à François II en arrivant à Rome. Le gouvernement italien le fit aussitôt publier, et l'effet en fut très grand en Europe. Rien ne contribua plus à éclairer l'opinion sur le véritable caractère du brigandage napolitain. Je viens de le relire et je ne connais rien d'une éloquence plus navrante dans sa simplicité que ce cri suprême d'un honnête homme abusé, qui s'est dévoué à commander des Vendéens et n'a trouvé à la place que du gibier de galères, et qui, pour laver son honneur jusque-là sans tache, repousse toute solidarité avec les bandits auxquels on l'a momentanément associé. Il dit à son roi la vérité du ton grave et triste d'un homme qui n'est pas sûr de le détromper, qui s'attend au contraire à être méconnu, mais qui fait son devoir et décharge sa conscience.

L'exécution de Borges reste une tache sanglante pour le gouvernement italien. Celui-ci a eu beau invoquer la nécessité de faire un exemple, le vaillant capitaine d'aventure espagnol n'était pas un brigand ; il avait loyalement combattu en soldat et il devait être traité en prisonnier de guerre. C'était un de ces adversaires qu'on s'honore en respectant, et il y avait une suprême injustice à confondre ce champion de la légitimité mourante avec les malfaiteurs dont il fallait à tout prix réprimer les crimes. Sa mort ne servait de rien à l'Italie ; sa vie épargnée eût eu du prix pour elle. Au lieu de le tuer, il fallait le renvoyer à l'étranger pour y raconter ses déceptions et ses misères. Mais pour lui, le sort qu'on lui a fait était ce qui valait le mieux. Vivant après la déconvenue de son expédition, il n'eût été qu'un aventurier battu et sans prestige ; on lui a donné l'auréole de ceux qui meurent martyrs de leur foi.

Je me suis arrêté quelque temps sur ces souvenirs oubliés maintenant en dehors du pays, bien qu'ils aient, il y a vingt ans, passionné toute l'Europe, et spécialement notre pays, où l'on prenait parti suivant ses opinions, avec une ardeur dont il me souvient encore, pour ou contre le brigandage napolitain. Mais en présence des lieux qui en furent témoins, toutes les réminiscences de ces événements sont revenues à mon esprit avec une singulière vivacité. Elles m'ont pour ainsi dire absorbé pendant les quatre heures que j'ai mises à parcourir, en partie de nuit et sans plus pouvoir observer le paysage, la route de Pietragalla à Potenza.

POTENZA

Cette ville est un chef-lieu de province, qui compte 19,000 habitants. Elle est située à 1,200 mètres d'altitude, sur le sommet d'un mamelon haut et escarpé, que dominent à peu de distance de tous les côtés des montagnes plus élevées. Au sud, là où la ville surplombe la vallée supérieure du Basiento, dans le fond de laquelle est située la station du chemin de fer, la vue est pittoresque et frappante, mais d'un caractère triste et sauvage. Le fleuve, qui se jette dans la mer à Métaponte, est ici tout près de sa source; car il sort du mont Arioso, quelques kilomètres seulement au-dessus de Potenza. Ce mont Arioso, situé au sud de la ville, appartient au massif des Monti della Maddalena, le groupe culminant de l'Apennin Lucanien ; il reste couronné de neiges jusqu'au milieu du mois de mai.

La ville n'a rien de monumental. On n'y rencontre pas un seul édifice qui frappe l'attention. Devant la préfecture, il y a une place d'une certaine étendue, mais la principale artère est une longue rue tortueuse où deux voitures auraient peine à passer de front. Les maisons qui la bordent, toutes blanchies à la chaux, sont peu élevées, avec leur façade garnie de balcons ventrus à l'espagnole en fer forgé, dont quelques-unes sont de remarquables échantillons de l'art du serrurier au xviie siècle. Cette rue est le forum de Potenza. Toute la journée on la voit remplie de groupes qui stationnent, laissant aller leur vie à la flânerie ou bien causant de leurs affaires et discutant avec animation la politique du jour. A la curiosité qu'un étranger éveille en y passant, il est facile de voir qu'il n'en vient guère en ces lieux.

Pour un voyageur qui arriverait de Naples, il est évident que Potenza paraîtrait un trou de province, arriéré, vulgaire et mort. Pour celui qui vient de passer plusieurs jours à parcourir les petites localités de la Basilicate et ses campagnes désertes, l'impression est toute différente. Il lui semble retrouver la vie et la civilisation. A revoir l'éclairage au gaz, un grand théâtre, des cafés brillants de lumières, des magasins assez bien approvisionnés, et dont cinq ou six ont des devantures à la moderne, entre autres celui d'une modiste française, il croit rentrer dans une autre partie du monde que celle d'où il sort. Pour ma part, dussé-je passer pour dominé par des préoccupations bien matérielles, le plus vif souvenir que m'ait laissé cette ville a été celui de la satisfaction d'y rencontrer une véritable auberge avec de bons lits et des chambres propres, et surtout une *trattoria* tenue par un Milanais, où l'on vous sert la fine cuisine du nord de l'Italie.

Je ne voudrais pas me donner l'air d'un gourmand en m'appesantissant sur « les choses de gueule », comme disaient nos pères. Pourtant, la question de nourriture, dans certaines conditions de voyage, finit par devenir une préoccupation qui s'impose, et elle tient sa place importante dans les mœurs d'un pays. Celui qui est délicat sur ce chapitre ne doit pas s'aventurer dans les provinces de l'extrémité méridionale de l'Italie, en Basilicate ou en Calabre ; il aurait trop à en souffrir. Jamais, pour ainsi dire, en dehors de quelques villes d'une certaine importance, on n'y trouve de viande de boucherie, et quand par hasard on en rencontre, elle est immangeable. En fait de nourriture animale, on est condamné au poulet à perpétuité. Et quels poulets! D'affreux oiseaux à l'aspect misérable et souffreteux, juchés sur de grandes pattes jaunes, auxquels jamais on n'a donné une seule poignée de grains et qui cherchent leur vie comme ils peuvent parmi les ordures. Qu'on juge après cela de leur maigreur, sans compter la vermine qui les dévore à tel point que souvent leurs plumes se recroquevillent, comme s'ils étaient atteints d'une maladie de la peau. En général, on ne les tue qu'au moment de les faire cuire, de telle façon que leur chair est aussi coriace qu'ils sont maigres. Quant aux manières de les accommoder, elles feraient dresser les cheveux sur la tête à un gastronome. Voici par exemple une des plus usitées dans la Basilicate. La bête une fois saignée, on la vide et on la dépèce; puis on prend sa ventraille, on la hache avec des ognons et des tomates et on fait frire le tout dans la poêle, où on met ensuite à sauter les membres du poulet.

C'est pis encore quand on veut vous bien recevoir et vous offrir une chère raffinée. Il faut que les gens de ces pays aient le palais et l'estomac autrement faits que les nôtres. Ils se délectent à des combinaisons de goûts que des Allemands ne réprouveraient peut-être pas, mais qui nous paraissent aussi barbares que répugnantes. Au point de vue de l'archéologie, cette cuisine est fort curieuse. C'est celle que cultivaient les anciens. Les recettes d'Apicius, si on les appliquait, donneraient exactement ce genre de produits, ces associations de saveurs qui, pour nous, hurlent de se trouver ensemble. Un certain soir, dans une maison où j'avais reçu la plus gracieuse hospitalité, où l'on s'empressait à me faire fête, je vois sur la table un magnifique gâteau dont la surface était couverte d'une glaçure de sucre sur laquelle, en l'honneur de l'hôte étranger, on avait dessiné, en nonpareille de couleurs variées, son chiffre entre un drapeau français et un drapeau italien. J'en prends un morceau, mais à peine y ai-je porté la dent je recule, et il me faut un effort héroïque de politesse pour en manger deux ou trois bouchées sans trop de grimaces. C'était un pâté de jambon, d'œufs durs, d'amandes, de cornichons au vinaigre et de fruits confits, le tout assaisonné au sucre et au fromage fort. Je pourrais énumérer ainsi, pour l'instruction des ménagères, un certain nombre de recettes de même caractère, à inscrire également dans le Livre de la cuisine qu'il ne faut pas faire. J'y donnerais une place d'honneur au lièvre à la mousse de chocolat avec des petits dés de jambon et des amandes de pin pignon, à la soupe où l'on met dans le bouillon des biscuits sucrés, enfin à la sauce faite de vinaigre, de moutarde, de sucre, de menthe et de baume pour accompagner le poulet rôti. Quand on vient de passer plusieurs journées au régime exclusif de cette cuisine trop pleine de couleur locale, on éprouve un véritable soulagement à trouver celle de la *trattoria* de Potenza.

En circulant dans les rues de cette ville, on ne peut manquer de remarquer le nombre des mutilés. C'est le résultat du tremblement de terre du 16 décembre 1857, le plus récent et le plus effroyable que l'on ait vu depuis plusieurs siècles dans cette province où le fléau revient presque périodiquement. Dans la seule ville de Potenza, les chirurgiens durent à la suite du désastre opérer quatre mille amputations, plus qu'on n'en fait après une grande bataille. Ce tremblement de terre, qui donna trois secousses circulaires successives (la seconde fut la plus violente), répandit sur la majeure partie de la Basilicate des ravages égaux à ceux du tremblement de terre de 1783 en Calabre. Il y périt sur le moment même trente-deux mille personnes écrasées sous les ruines, sans compter celles que moissonnèrent ensuite les conséquences des blessures, la faim et le froid. Ce que fut le nombre de ces dernières, on en pourra juger par les chiffres officiels relatifs à l'arrondissement de Sala. Les victimes de la secousse y avaient été de treize mille deux cent trente ; celles des suites de la catastrophe pendant les trois mois après montèrent à vingt-sept mille cent cinquante. Une ligne droite tirée du Vulture au Stromboli détermine exactement celle de la plus terrible intensité du phénomène. C'est en effet sur son trajet que se trouvent, outre Potenza, Saponara et Sapri, qui souffrirent horriblement, les petites villes du Val di Tegiano, Auletta, Atena, Sala, Padula, qui furent toutes renversées de fond en comble, où pas une maison ne resta debout. A droite et à gauche de cette ligne, la secousse fut beaucoup moins sensible et alla en s'atténuant à mesure que l'on s'éloignait du trajet central. Elle fut cependant plus ressentie à l'ouest qu'à l'est, particulièrement dans la région du Vésuve.

Avec celui de 1694, le tremblement de terre

de 1857 est le plus violent dont la Basilicate ait gardé le souvenir depuis celui de 1273, sur lequel on trouve des renseignements précieux dans les *Regesta* de Charles d'Anjou. Mais l'histoire de Potenza se compose en grande partie de catastrophes plus ou moins graves de même nature. On s'étonne vraiment que les hommes continuent à habiter une ville située dans ces conditions et si souvent ruinée. En revanche, on doit s'attendre par avance à n'y trouver aucun monument ancien. C'est ce qui est en effet. La cathédrale, dans son état actuel, est un édifice de la fin du xviii* siècle, bâti par Antonio Magri, l'un des meilleurs élèves de Vanvitelli. Celle qu'elle a remplacée ailleurs avait sa partie antérieure construite en 1200 par les soins de l'évêque Bartolomeo, et son chœur élevé en 1317 dans le style ogival par l'architecte Alberto, sous l'épiscopat de Guglielmo. Cette cathédrale est dédiée à Saint-Gérard de Plaisance, évêque de Potenza en 1111, depuis qu'en 1250, après sa canonisation, son successeur Oberto y eut opéré la translation des restes de ce saint prélat. Antérieurement elle était sous le vocable de l'Assomption. L'ancien couvent des Franciscains, dont la fondation remonte aux origines de l'ordre et a été due à des compagnons de Saint-François lui-même, ne présente dans ses bâtiments, tels qu'ils se présentent aujourd'hui, rien d'antérieur à la fin du xvi° siècle. On y rencontre seulement une vieille inscription du xii° siècle, mentionnant la construction, en 1180, d'une église de Saint-Jean, aux frais d'un généreux particulier du nom de Roberto et de sa femme Palma. Le cloître est garni de fresques très médiocres, exécutées en 1609 par Giovanni di Gregorio, surnommé del Pietrafesa. Dans l'église de l'ancien couvent des Mineurs-Réformés, fondé en 1488, on voit un tableau sur bois attribué à cet Antonio Solario, surnommé le Zingaro, dont le personnage même est à demi problématique et qui peignait au commencement du xv° siècle.

Comme édifices comptant plusieurs siècles d'existence, on ne saurait citer à Potenza que le Municipe, qui est une construction de l'époque angevine fort défigurée, un ancien palais particulier, puis les deux petites églises de la Santa-Trinità et de San-Michele. Celles-ci n'ont été visitées ni par Schulz ni par aucun de ceux qui ont jusqu'ici parlé des monuments du midi de l'Italie. Ce sont des édifices du xi° siècle, d'une simplicité rustique. Leur nef principale est garnie de piliers carrés en maçonnerie, que surmontent des chapiteaux prismatiques. Malgré leur nudité et leur peu de mérite d'art, ces deux églises ont une véritable importance pour l'histoire locale.

Potenza est la *Potentia* des anciens. On n'a aucune trace de son existence aux temps où la Lucanie était indépendante, et il y a d'assez grandes probabilités qu'elle ne datait que de la période romaine, où une ville se serait naturellement formée de l'intersection des deux voies importantes qui menaient, l'une de l'Apulie dans le Bruttium, l'autre de Salerne à Tarente, autrement dit de la Campanie dans ce qui s'appelait alors la Calabre, traversant toutes les deux la Lucanie d'outre en outre dans deux directions qui se coupent à angle droit. Potentia n'est d'ailleurs mentionnée qu'en passant dans les énumérations géographiques. Les textes littéraires ne nous apprennent rien à son sujet ; ce sont les inscriptions seules qui ont montré que sous l'Empire c'était un municipe très important, la plus considérable et la plus florissante avec Grumentum (auprès de Saponara) parmi les villes de l'intérieur de la Lucanie. Mais la Potentia romaine n'occupait pas le site de la Potenza d'aujourd'hui. Elle était dans le fond de la vallée du

Basiento, au lieu appelé La Murata, tout auprès de la station du chemin de fer et de l'autre côté de la rivière. L'emplacement en a été depuis longtemps reconnu. On n'y voit au-dessus du sol que quelques informes lambeaux de maçonneries romaines; mais toutes les fois qu'on y creuse la terre on met au jour des débris antiques. C'est de là que proviennent toutes les inscriptions latines qui se voient dans la Potenza moderne et y ont été portées à diverses époques.

La différence du site de la Potentia antique et de la Potenza moderne est incontestable pour quiconque a visité les lieux. Il ne saurait y avoir à son égard le moindre doute. Mais il me paraît de nature à infirmer considérablement les conséquences que l'on a tirées généralement, à la suite de M. Mommsen, d'un fait peut-être un peu dénaturé par certains antiquaires locaux. Il existait autrefois à Potenza une chapelle dédiée à Saint-Étienne, qu'a aujourd'hui remplacée une boutique de pharmacien. Du temps où elle était consacrée au culte, les éleveurs, marchands et conducteurs de bêtes de somme, à Potenza et dans les environs, avaient coutume d'en faire plusieurs fois le tour à leurs chevaux, ânes et mulets au jour de la fête du saint, qu'ils tenaient pour leur patron. Dans cette église on voyait, il y a quarante ans, une inscription latine dédiée en l'honneur d'un certain T. Metius Potitus, âgé de dix-huit ans, par la corporation des muletiers et âniers, *Collegium mulionum et asinariorum*. Viggiano, dans ses *Memorie di Potenza*, donne ladite inscription comme ayant été trouvée sur le lieu même. M. Mommsen en a conclu que la chapelle de San-Stefano occupait l'emplacement du sanctuaire de la corporation de la ville romaine, et que le rite traditionnel qu'y accomplissaient les muletiers et les âniers modernes était la continuation ininterrompue de celui que devaient y accomplir ceux de l'antiquité en l'honneur de quelque divinité protectrice des écuries et des bêtes de somme, telle qu'Epona. Depuis lors on cite toujours cet exemple comme des plus instructifs. Je n'oserais pas le démentir d'une manière tout à fait formelle, car la chapelle du *Collegium mulionum et asinariorum* de Potentia pouvait être en dehors de la ville et à quelque distance, sur la montagne. Mais je ferai remarquer d'abord que l'inscription étant funéraire, placée sur un tombeau, il est assez peu probable qu'elle dût se trouver dans les dépendances du sanctuaire de la corporation et qu'on puisse la tenir pour en indiquant le site. De plus, sa trouvaille en ce lieu précis est fort problématique; on ne saurait accepter à cet égard l'affirmation de Viggiano qu'avec réserve et sous bénéfice d'inventaire. Il semble même plus probable que, trouvée ailleurs depuis la Renaissance, elle aura été placée dans la chapelle de San-Stefano par les soins de quelque ecclésiastique amateur d'antiquités, précisément parce qu'elle était un monument de la corporation des muletiers et âniers. C'est par centaines que l'on pourrait énumérer les exemples où l'on a agi ainsi dans l'Italie des humanistes.

Quand s'est opéré le déplacement de la population, le transport de la ville de la vallée sur la montagne? On ne possède à cet égard aucun document positif ni même aucune tradition précise. Mais sauf Antonini, qui cette fois a raison par extraordinaire, tous les écrivains napolitains depuis la Renaissance veulent que le fait ne se soit produit qu'au xiii° siècle. Seulement ils ne s'accordent pas sur la date. On sait par des témoignages contemporains qu'en 1250 Potenza fut dévastée par Frédéric II après une révolte, qu'en 1268 Charles d'Anjou rasa ses murailles pour la châtier d'avoir

pris le parti de Conradin, enfin qu'en 1273 elle
souffrit d'un tel tremblement de terre que les
habitants furent quelque temps obligés de camper
en plein champ. On a supposé que c'était à la suite
de l'un ou de l'autre de ces événements que l'ancienne ville avait été entièrement détruite et que
l'on avait bâti une nouvelle sur un autre emplacement ; mais les écrivains qui ont préconisé cette
théorie n'ont pu se mettre d'accord, entre les
circonstances que je viens d'indiquer, sur celle qui
avait amené le transfert de la cité. Il semble pourtant que, si telle chose s'était produite au milieu du
xiii° siècle, on le saurait formellement, on en trouverait la trace quelque part. Mais du moment que
Potenza possède parmi ses églises deux édifices
du xi° siècle, qu'elle en avait aussi une du xii° et
que sa cathédrale, avant d'être reconstruite à la fin
du dernier siècle, datait en partie de 1200, la
thèse doit changer. Dès le xi° siècle la ville était
sur la montagne et avait quitté la vallée. Le déplacement de Potentia rentre dans l'ensemble des
déplacements de villes qui eurent lieu dans toute
la région à l'époque des incursions barbares et
plus encore aux ix° et x° siècles, dans la période
des incursions des Sarrasins, lesquels, débarquant

à l'embouchure des rivières, en remontaient les vallées et y mettaient tout à feu et à sang. A ce moment la population des lieux situés dans les terrains bas, exposés aux coups des envahisseurs et de trop imparfaite défense, se réfugia sur les hauteurs de difficile accès, où elle trouvait plus de sécurité. On ferait une longue liste des localités où les choses se passèrent de cette manière, et Potenza doit être inscrite sur cette liste.

C'est donc dans la ville déjà située sur la hauteur, là où elle est aujourd'hui, que le Pape Innocent II et l'Empereur Lothaire firent en 1133 un séjour d'un mois, dans leur expédition contre Roger, roi de Sicile, et qu'en 1149, le même Roger reçut Louis VII, roi de France, débarqué en Calabre au retour de sa désastreuse Croisade, après avoir été délivré par la flotte sicilienne des mains de la flotte grecque de Manuel Comnène, qui l'avait un moment capturé. Ce passage de Louis le Jeune par les provinces napolitaines a laissé des souvenirs vivaces dans un certain nombre de localités, à Brindisi, par exemple, tant un roi de France était un grand personnage, de nature à frapper les imaginations. Mais la tradition populaire a commis ici une de ces confusions qui lui sont habituelles; Louis VII est devenu Louis IX, bien autrement illustre. Les villes où ces souvenirs se sont conservées se targuent à tort d'avoir possédé dans leurs murs, au retour de sa première Croisade, saint Louis, qui n'a jamais mis les pieds dans la contrée.

J'ai parlé tout à l'heure des rudes châtiments que Potenza, par ses insurrections, s'attira au xiii° siècle de la part de Frédéric II et de celle de Charles d'Anjou. En 1399, le roi Ladislas assiégea et prit cette ville. En 1502, le duc de Nemours et Gonsalve de Cordoue y eurent une conférence pour essayer de régler les points en litige dans la division du royaume de Naples entre Français et Espagnols. Car le traité de partage entre Louis XII et Ferdinand le Catholique avait oublié de définir à qui serait la Basilicate, sur laquelle chacun des co-partageants voulait mettre la main. La conférence de Potenza entre les généraux des deux armées d'occupation ne conduisit à aucune entente, et quelques mois après, le litige pour la possession de la Basilicate devenait le point de départ de la guerre entre les deux souverains complices, qui s'étaient entendus pour dépouiller, contre tout droit, la maison d'Aragon de la couronne napolitaine.

Après avoir été d'abord une ville royale, Potenza devint un fief de la grande famille de Sanseverino. La ville fut ensuite donnée par la reine Jeanne II au condottiere Giacomuzzo Attendolo Sforza, dont elle avait fait son grand connétable. Mais le fils de celui-ci, Francesco Sforza, celui qui finit par devenir duc de Milan, ayant à la mort de la reine pris parti contre Alfonse d'Aragon, le nouveau roi le dépouilla de son fief, dont il gratifia Inigo de Guevara. Ferdinand le Catholique érigea Potenza en comté pour Antonio de Guevara, grand-sénéchal du royaume de Naple. Un peu plus tard, Porzia de Guevaar apportait en mariage le comté de Potenza à Philippe de Lannoy, petit-fils du vainqueur de Pavie. Comme on le voit, les grands noms historiques ne manquent pas dans la série des seigneurs de cette ville; mais depuis le xvi° siècle elle n'a plus guère à enregistrer rien de saillant dans ses annales que les ravages de ses tremblements de terre.

A la fin du siècle dernier, le siège épiscopal de Potenza était occupé par Francesco Serrao, prélat d'un esprit supérieur, administrateur du plus haut mérite, de mœurs austères et d'une grande piété, mais ardent janséniste et comme tel fort mal vu de la cour de Rome et d'une partie de son clergé.

Après avoir été pendant quelque temps soutenu par le roi Ferdinand, il était tombé en disgrâce. Survint l'établissement de la République Parthénopéenne. Il y adhéra comme beaucoup d'autres évêques et chanta le *Te Deum* officiel en l'honneur du nouveau gouvernement. C'en fut assez pour le faire désigner par ses ennemis comme républicain fanatique, ami des Français et associé à leurs projets pour la ruine de la religion. Les royalistes de Potenza excitèrent dans la ville un soulèvement populaire qui abattit la bannière de la République et releva celle du roi. Profitant du tumulte, dix-sept conjurés, appartenant, on a honte de le dire, à des familles de la plus haute classe, pénétrèrent en armes dans l'évêché en poussant des cris de mort contre le prélat. Ils le trouvèrent dans son oratoire, revêtu de ses ornements sacerdotaux et attendant les assassins en priant aux pieds de la croix. Après l'avoir chargé des plus indignes outrages, ils le percèrent de coups et le décapitèrent dans l'oratoire même. Sa tête coupée fut mise au bout d'une pique et promenée dans les rues, tandis qu'on traînait son corps à l'égout au son d'une musique de fête. Le tout se faisait au nom de la royauté et de la religion.

A ces scènes de cannibales répondit un acte non moins révoltant. Parmi les plus riches citoyens de Potenza était un certain Niccolò Addone, partisan de la République sans oser l'avouer ouvertement. Il voulut venger le meurtre de l'évêque, mais il n'eut pas le courage d'engager une lutte à visage découvert avec ses assassins, et il recourut à une abominable trahison. Il feignit une ardeur royaliste excessive, une grande joie du châtiment du prélat républicain, félicita chaudement ceux qui l'avaient tué, leur prodigua les caresses, et finit par les inviter dans sa propre maison à un grand repas de congratulation. Les dix-sept y vinrent. Addone les enivra, et quand ils furent en cet état les fit tous massacrer par des assassins qu'il avait apostés à l'avance. Lui-même en poignarda plusieurs de ses mains. Le massacre terminé, avant que le bruit ne s'en fût répandu, il sortit nuitamment de la ville, alla se cacher dans les bois et parvint à gagner, sous un déguisement, d'abord Naples, puis la France.

Les mœurs napolitaines d'alors avaient beau être indulgentes pour toutes les formes de la vendetta, qu'elles regardaient comme un devoir, la sanglante trahison de Niccolò Addone souleva un sentiment de réprobation et d'horreur. Les républicains de Naples furent les premiers à la flétrir et à décliner toute solidarité avec son auteur. Pourtant, quelques années après, Joseph Bonaparte commit la faute de l'amnistier et de lui permettre de rentrer à Potenza. La Restauration l'y trouva. Addone, voulant se faire pardonner d'elle les souvenirs de son passé, se mit aux gages de sa police. Il devint le dénonciateur des libéraux et l'un des pourvoyeurs habituels des procès de haute trahison. Ses services furent grassement payés, et, couvert de la protection gouvernementale, il mourut paisiblement dans son lit, détesté et méprisé de tout ce qui était honnête.

En 1809, sous Murat, quand les Anglo-Siciliens excitèrent dans le royaume de Naples un soulèvement considérable, coïncidant avec la guerre que Napoléon avait à soutenir contre l'Autriche, Potenza fut, pendant quelques semaines, bloquée par les bandes des insurgés. Mais la ville, comme toutes celles de la province, montra alors un grand dévouement au nouveau gouvernement. Nous avons vu tout à l'heure qu'il en avait été de même en 1861, lors de l'expédition de Borgès. L'année précédente, la population de Potenza avait pris les armes en apprenant le débarquement de Garibaldi à Melito, et après un combat assez vif contre le régiment de gendarmerie qui occupait la ville, l'avait contraint à capituler.

Potenza est le centre d'une certaine culture littéraire; on y rencontre des gens instruits. Pourtant il n'y a pas, jusqu'à présent, de musée, bien qu'on ait organisé là, comme dans tous les chefs-lieux de provinces, une Commission des monuments et antiquités. Un premier noyau de collection épigraphique a cependant été rassemblé au Séminaire. Il provient en majeure partie du legs d'un particulier, l'avocat Ricotti, mort en 1876. Parmi les inscriptions qui s'y conservent, on remarque plusieurs dédicaces à la déesse *Mephitis*, celle qui présidait aux exhalaisons paludéennes. C'était une de ces divinités que l'on honorait pour les fléchir et se mettre à l'abri de leurs coups. Il résulte de là que la Potentia romaine, dans la vallée, n'était pas aussi salubre que la Potenza moderne, qui, sur sa hauteur, ne craint pas la mal'aria.

MÉTAPONTE

De Potenza aux ruines de Métaponte il y a 107 kilomètres ; c'est un trajet que l'on fait en trois heures par le train express, car les chemins de fer italiens se contentent d'une vitesse médiocre. On suit constamment, en la descendant, la vallée du Basiento, le Casuentus antique, dont la pente moyenne est de 12 millimètres par mètre. Grâce à la différence d'altitude entre les deux extrémités du trajet, le changement de climat du départ à l'arrivée est un des plus sensibles que j'aie éprouvés dans le même espace de temps. J'étais parti de Potenza à six heures, par une matinée de la fin de septembre, où la température, dans une région aussi élevée, était déjà des plus aigres ; il y avait eu deux jours auparavant une légère tombée de neige sur les Monti della Maddalena, et au lever du soleil une bise pénétrante annonçait l'arrivée de l'arrière-saison. A mesure qu'on s'éloignant du point de départ on descendait plus bas dans la vallée, on sentait l'air se réchauffer; à dater d'un certain point, il semblait que chaque kilomètre franchi fît pénétrer graduellement dans une autre atmosphère. En arrivant à Métaponte, à neuf heures du matin, je trouvais une chaleur brûlante, que ne rafraîchissait pas la brise de mer, et telle que d'ordinaire on l'a seulement dans les journées de la canicule. Il n'était pas possible de ressentir une transition plus brusque. En trois heures j'avais passé de l'automne des pays du nord à l'été de ceux du midi.

Le fleuve, dont on ne quitte pas un moment les bords pendant ce trajet, est dans les mêmes conditions que tous ceux qui descendent des montagnes de la Basilicate dans le golfe de Tarente. Il possède un volume d'eaux assez respectable, rappelant celui des rivières de notre pays ; et si les pluies de l'hiver le gonflent outre mesure, les ardeurs de l'été ne le mettent jamais à sec comme les cours d'eau de la Pouille et de la Calabre. En temps ordinaire son cours est paisible et profondément encaissé dans le lit qu'il s'est creusé peu à peu, au milieu de terrains essentiellement meubles. Dans ces conditions, rien ne serait plus facile, si l'on ne manquait pas absolument de bras, si le pays était suffisamment peuplé pour fournir les travailleurs nécessaires à la tâche, que de l'endiguer et d'en régulariser le régime, de manière à rendre à la culture tout le fond de la vallée, qui serait d'une merveilleuse fertilité. Mais dans l'état actuel c'est à peine s'il est permis de songer à de semblables travaux pour un avenir encore bien éloigné. Comment en entreprendre la dépense sans la lier à toute une œuvre de colonisation, qui seule la rendrait rémunératrice? Abandonné à lui-même, le Basiento, quand vient l'hiver, sort de son lit et se répand librement dans la vallée, où ses ravages empêchent toute exploitation agricole sérieuse. Suivant le caprice d'une inondation plus ou moins forte, il ravine le sol, y répand des sables et des galets, s'y creuse un nouveau lit à la place de l'ancien qu'il délaisse. Il en est ainsi dans la plupart des vallées des provinces méridionales. Après les longs siècles de barbarie que ces provinces ont traversés, siècles dont les trois derniers ont été les plus durs et ont chacun aggravé la situation, l'Italie ressuscitée a là, comme dans les Maremmes, une partie considérable de son territoire à reconquérir sur la nature et à rendre à la civilisation. On l'a dit avec raison, c'est là qu'est la véritable *Italia irredenta,* celle que tous les patriotes intelligents doivent avoir présente à leur pensée. Avant de chercher à étendre de nouveau ses frontières, la nation italienne a d'autres conquêtes à faire, non moins glorieuses et non moins profitables, et des conquêtes qui ne coûteront ni larmes, ni sang. C'est du désert et de la *malaria* qu'il lui faut délivrer son sol, resté sur une trop grande étendue esclave de fléaux qui le rendent inhabitable. Si elle comprend bien son rôle et son intérêt, elle a encore des *patrie battaglie* à livrer, mais sur un autre terrain et cette fois contre les forces hostiles de la nature. Et puisqu'elle aime les réminiscences classiques, qu'elle n'oublie pas que l'œuvre qui lui reste à accomplir, sous la direction de ses ingénieurs paraissait à la poésie antique assez grande et assez belle pour qu'elle l'ait cru digne d'un demi-dieu, et qu'elle en ait fait un des Travaux d'Hercule.

Dans l'état actuel, on ne saurait imaginer un aspect plus désolé que celui de cette vallée du Basiento. C'est un désert. A l'exception de Campomaggiore, village de 5 à 600 âmes construit dans le siècle dernier au tiers environ de la route, on n'y rencontre pas un seul centre habité. Quelques bourgs, tous fort misérables, s'offrent seulement aux regards, à de grandes distances les uns des autres, sur les premières crêtes des montagnes, où l'on semble avoir choisi pour leur assiette les positions les plus inaccessibles. Plusieurs kilomètres les séparent des stations qui les desservent, et qui sont comme perdues dans la solitude. On ne peut encore s'y rendre qu'à cheval ; les chemins carrossables qui les feront communiquer avec la voie ferrée sont en construction, mais non terminés. D'autres des localités que desservent les stations, et d'après lesquelles elles ont été dénommées, ne sont même pas en vue, ou apparaissent seulement au plus extrême de l'horizon. Il faut pour les atteindre un véritable voyage. Tel est le cas de Tricarico et de Pisticci. Tricarico est une petite ville d'un peu plus de 5,000 habitants, qui a gardé ses remparts du moyen âge et se trouve située à mi-distance entre le Basiento et le Bradano, au point où leurs cours prennent la direction exactement parallèle qu'ils conserveront jusqu'à la mer.

Les Byzantins, sous l'empereur Nicéphore Phocas, y instituèrent en 968 un évêché, qui s'est maintenu jusqu'à nos jours. Pisticci, à une trentaine de kilomètres de la mer, paraît avoir été, comme Pomarico et Montescaglioso, située dans les mêmes conditions mais plus à l'est, une localité de quelque importance au temps de la plus grande puissance des Lucaniens, une de celles qui touchaient à la frontière du territoire des établissements grecs, et, par suite de ce voisinage, participaient à leur luxe et à leur civilisation, recevaient en abondance les produits de leur élégante industrie. Il y a, en effet, à Pisticci une nécropole antique d'une certaine étendue, dont les tombes ont rendu au jour de beaux vases peints, principalement de l'époque où régnait ce style surchargé d'ornementation que l'on qualifie d'*apulien*. Ce sont les vases qui se fabriquaient principalement à Tarente à la fin du IVe siècle avant l'ère chrétienne et dans le cours du IIIe. Les Lucaniens les recherchaient fort, et même il paraît incontestable qu'ils les ont imités sur une assez grande échelle. Mais ici les règles critiques de la distinction entre les œuvres originales grecques et les copies des indigènes de la Lucanie ne sont pas encore posées. Pour ma part je n'oserais rien formuler à cet égard avant d'avoir pu visiter à Anzi (l'ancienne Anxia), certaines collections qui s'y sont formées de vases tous trouvés dans le pays, avec des provenances certaines. Malheureusement une des plus importantes de ces collections, celle de M. Fittipaldi, a été dispersée dans les dernières années sans avoir été étudiée à fond par aucun archéologue suffisamment compétent.

Jusqu'aux environs de Ferrandina et surtout jusqu'à Campomaggiore, toute la partie supérieure de la vallée est d'un pittoresque extrême, d'un accent farouche et grandiose. Ce n'est presque qu'une gorge étroite bordée de hautes montagnes, de falaises abruptes et tourmentées, de pentes rapides couvertes de forêts, où de grands chênes poussent au milieu de quartiers de roches en chaos. Il y a là toute une succession de paysages tels que ceux qu'affectionnait Salvator Rosa. La situation de Brindisi-la-Montagna et celle de Trivigno sont en particulier absolument faites pour un peintre. Au-dessous de Ferrandina la désolation est toujours la même, mais l'aspect infiniment moins pittoresque. La vallée s'élargit sans offrir au regard d'ombrage ni de verdure; les hauteurs de chaque côté, en même temps qu'elles s'éloignent l'une de l'autre, s'abaissent graduellement à mesure qu'on est plus près de la mer. Ce ne sont plus que des collines moutonnées, aux pentes blanchâtres et crayeuses, que n'égaie aucun arbre, qui n'offrent même le plus souvent que des éboulis de terre nue, bizarrement ravinés par les pluies d'hiver. Il commence cependant à y avoir alors un peu plus de cultures dans la vallée, et à la saison où je viens de la suivre, la récolte du coton y répandait par endroits dans les champs une certaine animation.

Jamais, du reste, dans l'antiquité pas plus que de nos jours, il n'y a eu de localités importantes sur le parcours de Potenza à Métaponte par le val du Basiento. Les trouvailles archéologiques y ont été jusqu'ici fort rares, et je ne sache pas un seul point du trajet qui mériterait un arrêt de la part du voyageur, sauf peut-être Brindisi-la-Montagna avec son château fort de l'époque normande. On y a découvert quelques inscriptions latines attestant l'existence d'un bourg en cet endroit sous les Romains. Son nom même révèle une origine beaucoup plus ancienne, antérieure à la conquête du pays par les Lucaniens. Il est, en effet, identique à celui du grand port de mer de l'entrée de l'Adriatique, le *Brentésion* des Grecs, *Brundisium* des Latins, dont on nous a transmis l'étymologie, tirée du mot *brentes*, qui signifiait un « cerf » dans la langue messapique. La forme latine *Casuentus*, pour le nom du fleuve que domine le Brundisium lucanien, suppose aussi nécessairement une forme primitive *Kazoeis*, qui linguistiquement est aussi messapique. J'ai, du reste, eu déjà l'occasion de montrer ailleurs qu'un grand nombre de noms géographiques de la contrée établissent l'emploi d'un idiome pareil à celui des Iapygiens et des Messapiens par la population pélasgique des Œnotriens, prédécesseurs des Lucaniens de race sabellique. Ces noms descendent au sud jusqu'au fleuve Tracis, le Trionto de nos jours.

Vaglio, plus rapproché de Potenza que Brindisi, lequel au moyen âge dépendait du fief d'Anzi, Vaglio a fourni quelques fragments d'inscriptions en langue osque, écrites avec des lettres grecques. A Castelmezzano, entre Albano et Pietrapertosa, l'on a récemment ouvert des tombeaux d'une date extrêmement reculée. Les objets qu'on y a recueillis ont la plus remarquable analogie avec ceux que les dernières fouilles de Corneto, l'ancienne Tarquinies, en Étrurie, ont fait rencontrer dans les plus anciennes tombes connues de cette localité fameuse, dans celles dont on ne saurait faire descendre la date au-dessous du début du vii° siècle avant Jésus-Christ et qui remontent probablement au viii° ou au ix°. A Castelmezzano comme à Corneto l'on a trouvé d'énormes fibules de bronze en forme d'arc, dont une des extrémités, celle qui est opposée à la charnière de l'ardillon, s'appuie sur le centre d'un disque large et bombé. C'est un type tout particulier, dont j'ai encore rencontré des exemples dans le musée provincial de Catanzaro en Calabre ; ils proviennent de Nicotera. Ce que l'on a conservé des antiquités de Vaglio et de Castelmezzano a été déposé par M. La Cava dans le petit musée provisoire qu'il a formé à Métaponte.

Ferrandina, que 37 kilomètres séparent de la mer, est une petite ville assez vivante, de 6,000 habitants, située sur une colline en très bon air, à quelque distance sur la droite du fleuve. Elle doit sa richesse à une abondante production de vin et d'huile. C'est une fondation de Frédéric d'Aragon, le second fils de Ferdinand Ier, celui qui fut ensuite le dernier roi de Naples de sa famille et se vit détrôné par les Français et les Espagnols. Il construisit la ville du vivant de son père, en l'honneur de qui il la nomma, alors qu'il était prince d'Altamura, duc d'Andria et grand-amiral du royaume. Le site de Ferrandina est, en effet, compris dans le territoire qu'embrassait la principauté d'Altamura. Frédéric, pour peupler sa nouvelle ville, avait contraint à s'y transporter les habitants d'Oggiano, bourg situé entre Saponara et Marsico-Vetere, que son père lui avait donné en 1487. La fondation de Ferrandina se fit ainsi au prix de la destruction d'une autre localité.

Bernalda, qui s'appelait primitivement Camarda, quoique moins peuplée, est encore un bourg florissant, entouré de beaux vergers, de vignes et d'oliviers. On y a récemment installé un moulin à vapeur pour les huiles. C'est le chef-lieu de commune d'où dépend actuellement le site de l'antique Métaponte. Ce bourg est bâti sur une colline d'un faible relief, à l'endroit où la vallée débouche dans la plaine où la cité achéenne avait son territoire, plaine éminemment propre à cette grande culture de céréales que rappelle, en même temps que le culte de Dêmêter, l'épi, type constant de l'abondante numismatique métapontine. Sur les pentes de la hauteur de Bernalda les cultivateurs, en remuant le sol, mettent souvent au jour des tombeaux de l'époque hellénique. Il y en a par groupes un peu partout dans la campagne depuis ce bourg jusqu'à la mer. Ce sont sans doute les cimetières des villages qui dépendaient de Métaponte. Le site de Bernalda devait appartenir encore à cette cité; mais au temps où les Lucaniens commencèrent à la menacer sérieusement et à la serrer de près, sa frontière ne devait pas beaucoup dépasser ce lieu et pénétrer dans les hauteurs, où les rudes batailleurs de même sang que les Sabins et les Samnites se tenaient toujours prêts à se jeter sur les Grecs au premier prétexte de querelle.

C'est la troisième fois que je viens à Métaponte. A la suite de ma première visite, en 1879, j'ai, dans un autre ouvrage (1), essayé de raconter l'histoire de cette cité fameuse et de décrire ses ruines, telles qu'elles étaient alors. Ce qui m'y ramène aujourd'hui, c'est que depuis trois ans les ruines ont changé de face, que leur connaissance a été complètement renouvelée par les belles fouilles de M. Michele La Cava. L'auteur de ces excavations, qui ne sont pas encore terminées, a bien voulu me servir de guide sur le terrain des travaux.

Plusieurs données d'une grande importance pour l'histoire de la ville en sont déjà ressorties.

1. *La Grande-Grèce*, t. I, chap. II.

Les Achéens, qui s'établirent à Métaponte au milieu du vii⁰ siècle avant notre ère, sous les auspices de Sybaris, fondée alors depuis soixante-quinze ans, et sous la conduite de Leucippos, ne furent pas les premiers occupants de son territoire. Avant eux, comme les traditions fabuleuses de l'époque héroïque en conservent un certain souvenir, et comme l'indique l'ancienne forme pélasgique de son nom, *Métabos,* hellénisée ensuite en *Métapontion, Métaponton,* il existait un certain centre de population entre les embouchures du Bradanus et du Casuentus. Les fouilles ont rendu à la lumière assez d'objets de l'âge préhistorique de la pierre polie pour montrer que dès lors il y avait en ces lieux une station humaine. Pour le stage suivant de la civilisation, celui du début de l'usage des métaux, il est également représenté par des instruments de bronze et de nombreux fragments de poterie noirâtre façonnée à la main, puis d'autre *bucchero* de même nature, travaillé, non sur le tour à potier proprement dit, mais sur la tournette à main. Cette dernière poterie correspond à l'état où était parvenue la céramique des indigènes Œnotriens à l'époque de l'arrivée des Grecs.

Je me bornerai à rappeler brièvement les principaux faits qui constituent comme le canevas des annales de la Métaponte hellénique, et d'abord les luttes des premiers colons contre les Tarentins, dont la jalousie prétendait empêcher leur établissement, luttes terminées par un traité qui faisait du Bradanos la frontière entre l'Italie proprement dite, au sens qu'on donnait alors à ce mot, où les Achéens pouvaient s'étendre librement, et la Iapygie, champ réservé à l'activité conquérante des Doriens venus de Sparte à Tarente. Nous voyons ensuite les gens de Métaponte, entre 570 et 565, s'associer avec les Sybarites pour la destruction de la Siris ionienne, à laquelle on substitua une nouvelle ville achéenne. A la fin du vi° siècle, leur cité devint l'asile de Pythagore, exilé de Crotone, et se laissa quelque temps guider par l'influence du philosophe, que la réaction démocratique poursuivit ensuite jusque dans ce refuge. C'est du milieu du vi° siècle aux dernières années du v° que Métaponte, sagement gouvernée, moins déchirée par les discordes civiles que les autres villes helléniques de la région, enrichie d'ailleurs par l'agriculture, atteignit le plus haut degré de sa postérité. C'est alors qu'elle dédia, dans le sanctuaire de Delphes la fameuse gerbe d'or dont parlent les écrivains antiques, et érigea à Olympie une statue de Zeus, due au sculpteur Aristonoos d'Égine. C'est également alors que les Métapontins eurent à Olympie un trésor particulier, situé entre celui des Sélinontins et des Mégariens, et dont le principal ornement était une statue en or et en ivoire d'Endymion endormi.

La décadence commença pour cette cité à partir du désastre de l'expédition des Athéniens en Sicile, à laquelle elle s'était associée en fournissant un petit contingent de trois cents archers et de deux trirèmes. Elle restait encore riche, mais avec l'appui d'Athènes, désormais abattue en Italie, elle perdit toute indépendance politique et tomba dans un vasselage de fait à l'égard de Tarente. Bientôt la poussée des Lucaniens contre les villes grecques commença à devenir formidable. Avec Thurioi, c'était Métaponte à qui sa position géographique en faisait recevoir le premier choc. Presque tous les ans son territoire subissait, de la part des barbares de la montagne, des incursions qu'elle n'avait plus l'énergie de repousser et dont les Tarentins ne savaient pas la protéger. Elle salua de ses acclamations la venue d'Alexandre d'Épire, dans lequel elle crut trouver un libérateur qui l'arracherait à la fois aux ravages des Lucaniens et à la pesante suprématie de Tarente. Mais la mort de ce prince vint bientôt montrer l'inanité de telles espérances. Un quart de siècle plus tard, le prince spartiate Cléonyme, appelé par les Tarentins pour commander leurs mercenaires, se rendit par trahison maître de Métaponte, devant laquelle il s'était présenté comme venant la défendre contre les Lucaniens. Cléonyme la déclara ville conquise, et non content de lui enlever sa liberté, lui imposa, pour se racheter de la destruction, un tribut de six cents talents d'argent et de deux cents jeunes filles, dont il garda les plus belles pour se faire un harem et donna les autres en jouet à ses ribauds. La mollesse dont ils firent preuve alors, en se montrant incapables de secouer ce joug honteux, rendit les Métapontins un objet de mépris pour les autres Grecs. Après avoir suivi, mais sans trouver moyen de s'y distinguer, la bannière de Pyrrhos, ils passèrent sans résistance de la protection tyrannique des rois sous la domination romaine, jusqu'à la seconde Guerre Punique. A ce moment, ils suivirent l'exemple de leur voisine Tarente, et immédiatement après elle, ouvrirent leurs portes à Hannibal.

Les gens de Métaponte se compromirent de telle façon pour le grand capitaine carthaginois, qui avait fixé chez eux son quartier général après la reprise de Tarente par Fabius Maximus, que lorsque Hannibal se retira définitivement dans le Bruttium, où il continua encore quelque temps la guerre, la plupart d'entre eux le suivirent dans cette retraite. A dater de cet événement, la ville demeura presque dépeuplée et ne fit plus que végéter misérablement jusqu'au jour où, dans la Guerre Servile, les hordes de bandits et d'esclaves révoltés auxquelles commandait Spartacus, se jetèrent sur elle, la mirent à sac et l'incendièrent. Ce fut la fin de Métaponte, et après ce dernier désastre, on n'essaya même pas de la rebâtir.

Ces circonstance de l'agonie et de la ruine de la ville, telles qu'elles sont racontées par les écrivains, sont complètement confirmées par les constatations faites dans les fouilles. On en lit tous les détails écrits en traits incontestables dans les décombres même de Métaponte. La décadence profonde où elle était tombée au dernier siècle de son existence se peint dans ces maisons pauvres et mal construites, superposées aux décombres d'habitations plus luxueuses et d'un meilleur travail.

La catastrophe finale est attestée par les traces partout visibles d'un violent incendie qui a dévoré la ville entière et après lequel elle n'a pas été relevée. Dans les ruines de ses monuments et de ses maisons on ne rencontre aucun objet dont la date dépasse le commencement du Ier siècle avant l'ère chrétienne; tout y est exclusivement grec. Au temps de Pausanias, c'est-à-dire dans le plus beau moment de l'empire des Antonins, il n'en restait plus, comme aujourd'hui, que des décombres, visités dès lors seulement par ceux qu'intéressaient les souvenirs du passé; les remparts et le théâtre demeuraient seuls debout. Le *Liber coloniarum* ne connaît plus de ville de Métaponte, mais seulement un *ager Metapontinus*. Sur l'ancien emplacement de la cité il n'y avait plus, en effet, alors que deux ou trois villas isolées et fort modestes, comme celle dont on a retrouvé les débris à côté de la voie du chemin de fer, au nord-est de la Masseria di Sansone, qui occupe environ le centre de la Métaponte hellénique.

L'œuvre la plus considérable des fouilles de M. La Cava a été le déblaiement du temple hellénique situé à peu de distance au sud-ouest de la même ferme, vers l'emplacement que devait occuper l'Agora de la ville. Une inscription grecque en caractères archaïques, découverte au cours des travaux, a révélé que ce temple était celui d'Apollon Lyceios. En 1828 le duc de Luynes, avec M. Debacq, avait fait exécuter déjà sur ce point quelques tranchées, qu'il n'avait pas pu conduire bien loin. Les résultats obtenus ont été publiés dans leur splendide ouvrage sur *Métaponte*. C'est de là qu'était provenu ce merveilleux morceau de cimaise en terre-cuite peinte, garnie de palmettes et de mufles de lion, que l'on admire dans la salle de la collection de Luynes au Cabinet des médailles de notre Bibliothèque Nationale. Les excavations nouvelles ont mis au jour le plan de l'édifice, avec son pavement où sont marquées les places des colonnes et les arasements des murs de la cella. Un certain nombre de tambours et de chapiteaux des colonnes, d'ordre dorique, gisent dans la fouille avec des fragments des diverses parties de l'entablement. D'autres, en plus grand nombre, ont été employés comme matériaux dans la construction de la *masseria* voisine. Tout cela, suivant l'habitude des Grecs, est fait avec la pierre du pays, calcaire grossier et plein de trous, dont les défauts étaient dissimulés sous un revêtement de stuc fin.

On a trouvé encore quelques débris des métopes, exécutées dans la même pierre et présentant des sculptures d'un caractère archaïque. Même dans leur état de mutilation (le plus considérable de ces fragments montre les jambes d'un homme nu, dans un mouvement de marche rapide) ils sont d'un grand intérêt pour l'histoire de l'art, car ils sont jusqu'à présent seuls, avec les monnaies incuses de Caulonia, à nous faire connaître quels étaient le style propre et le système d'interprétation de la nature dans les écoles achéennes de l'ancienne manière. Le temple appartient, en effet, aux dernières années du vi[e] siècle ou aux premières du ve, alors que l'architecture avait atteint déjà le plus haut degré de perfection, mais que la sculpture était encore en retard, n'avait pas su se dégager de la raideur et de la sécheresse des primitifs. Ce qui a été recueilli surtout en abondance dans les fouilles du temple d'Apollon Lyceios à Métaponte, ce sont les morceaux de la décoration en terre-cuite polychrome des parties supérieures de l'édifice. Pièces plus ou moins intactes de la même cimaise que le morceau de la collection de Luynes, antéfixes, tuiles de la couverture, et autres restes analogues se comptent par centaines dans le petit musée que

M. La Cava a formé dans une salle des bâtiments de la station du chemin de fer avec les antiquités découvertes dans ses travaux. On a maintenant ainsi les éléments suffisants pour une restitution complète et définitive du temple. Il y a là de quoi tenter un des pensionnaires architectes de notre Académie de France à Rome. C'est une véritable aubaine pour un de ces jeunes artistes que de trouver l'occasion de prendre pour sujet de son envoi de quatrième année un temple grec d'une magnifique époque, qui n'a encore été relevé ni étudié par personne depuis que cette étude peut être sans lacunes, et pour la reconstitution duquel ne manque rien d'essentiel. Si les pensionnaires n'en ont pas l'idée par eux-mêmes, il serait à désirer que l'Académie des Beaux-Arts appelât leur attention sur l'intérêt que présenterait un semblable travail.

Tout auprès du temple d'Apollon Lyceios, et aussi dans les alentours de ce qui devait être l'Agora, l'emplacement du théâtre a été déterminé d'une manière certaine. Les buttes de décombres en dessinent la forme semi-circulaire avec assez de netteté. Les fouilles vont attaquer cet emplacement dans la prochaine campagne, et l'on est en droit d'espérer qu'elles seront fructueuses. Quant aux remparts, que Pausanias vit bien conservés comme le théâtre, ils ont depuis longtemps disparu, exploités comme carrières ; les bâtiments du château et de la ferme de Torremare sont presque entièrement construits avec de grands blocs de taille hellénique qui manifestement y ont été arrachés, et l'on en retrouverait aussi un grand nombre en cherchant un peu dans les maisons modernes de Bernalda.

En même temps qu'on exécutait les fouilles régulières du temple d'Apollon Lyceios, des sondages ont été poussés sur beaucoup de points du site de la ville, un peu au hasard, sans beaucoup d'ordre et pas toujours avec assez de soin. En plusieurs endroits on a rencontré des rues, ayant encore conservé leur pavé de l'époque grecque, que l'on pourrait suivre dans toute leur étendue. Nulle part il n'y aurait à creuser bien profondément pour retrouver le plan complet de la cité ; partout la couche de débris et de terre végétale n'a qu'une mince épaisseur au-dessus du sol antique. C'est à tel point qu'à l'époque où les moissons commencent à mûrir on peut suivre le tracé complet d'édifices dont les murs arasés affleurent presque la surface du sol actuel, aux lignes qui se dessinent dans les champs par des épis plus maigres et jaunissant avant les autres.

Bien qu'assise entre deux fleuves, Métaponte ne s'y abreuvait pas, évidemment en vertu d'un motif hygiénique. La ville était entièrement alimentée d'eau par des puits, dont M. La Cava a retrouvé et curé plusieurs. Ils donnent actuellement une eau excellente, et en la rendant les fouilles, entreprises uniquement en vue de l'archéologie, ont eu pour résultat d'améliorer de la façon la plus heureuse les conditions de salubrité qui permettront de ramener des habitants sur ce sol et de développer la nouvelle Métaponte, laquelle n'existe encore que dans l'*Itinéraire des chemins de fer*. Sur toute la superficie qu'occupait la cité antique, entre ses deux fleuves, on rencontre presqu'à fleur de sol une nappe d'infiltration d'une eau saumâtre, qui donne infailliblement la fièvre dans certaines saisons à ceux qui en boivent; c'est la seule eau qu'on eût jusqu'à ce jour dans les rares fermes de la plaine et dans les maisons des cantonniers de la voie ferrée. Les choses étaient les mêmes dans l'antiquité; mais en creusant leurs puits, les Achéens de Métaponte surent traverser, sans permettre qu'il s'en introduisît une goutte, la nappe supérieure d'eau malsaine, au moyen de larges tubes de terre-cuite, du diamètre du forage. Encombrés de débris et d'humus, ces tubes ont résisté jusqu'à nos jours, et grâce à eux les puits s'ouvrent dans une nappe plus profonde, d'une eau parfaitement saine et limpide, que les ingénieurs hellènes avaient été chercher. Un de ces puits dont les cultivateurs et les pâtres ont recommencé à se servir quotidiennement, garde sa margelle antique de pierre, finement moulurée, autour de laquelle on distingue les vestiges très corrodés d'une inscription grecque en vieilles lettres achéennes.

Sur la berge du Bradano, à l'extrémité nord de la ville, était un second temple, dont on a retrouvé le soubassement, en partie emporté par la rivière. Les fouilles en cet endroit ont fourni deux fragments d'inscriptions grecques dédicatoires du IV° siècle av. J.-C. Mais par une mauvaise chance le nom de la divinité du temple a disparu de l'un et de l'autre.

Celui qu'on désigne populairement sous le nom de Tavola dei Paladini, la ruine la plus importante de Métaponte, se trouvait à près de deux kilomètres en dehors de la ville, sur un petit plateau rocheux qu'enveloppe de deux côtés un coude du Bradano. Le panorama qu'on a de cet endroit offre toute la grandeur désolée, toute l'imposante majesté de la campagne de Rome. On domine le cours tortueux du Bradano et l'ensemble de la plaine, vide d'habitants. Par delà Bernalda, le regard plonge jusque dans le fond des gorges sauvages des montagnes lucaniennes. Et quand on se retourne du côté opposé à celui du cirque gigantesque que dessinent ces montagnes, la vue se repose à loisir sur l'étendue de la mer. Nul site ne pouvait être mieux choisi pour y élever un de ces édifices aux lignes d'une pureté idéale dont les Grecs avaient le secret.

J'ai déjà protesté ailleurs contre la façon dont on a, dans l'intention de la préserver — une de ces bonnes intentions dont l'enfer est, dit-on, pavé — déshonoré l'aspect de cette belle ruine en l'entourant d'un horrible mur. Quinze colonnes y restent debout, dix du côté nord du péristyle et cinq du côté sud, portant encore la première assise de l'architrave. Le temple était hexastyle, à douze ou treize colonnes sur ses faces latérales. On ne retrouve aucun reste de la frise, de la corniche, ni des frontons ; les murs de la cella ont entièrement disparu ; on ne voit même plus de traces de leurs fondations, qui ont été arrachées comme les pierres des marches ou socles dans les entre-colonnements. Le sol actuel est plus bas que l'ancien pavé du temple, qui a, lui aussi, été complètement détruit. La conservation d'une partie des colonnes n'a été due qu'au peu de facilité qu'offrait l'emploi de leurs matériaux pour des maçons modernes.

L'ordre extérieur de ce temple, le seul qu'on en connaisse, est un peu plus petit que celui du périptère hexastyle de Pæstum, vulgairement et improprement désigné sous le nom de Temple de Cérès. L'analogie est, du reste, très grande entre les deux édifices, qui ont en commun la particularité singulière de l'architrave faite de deux assises, et l'on peut attribuer à la première moitié du ve siècle avant l'ère chrétienne le temple voisin de Métaponte comme celui de Pæstum. Les colonnes de la Tavola dei Paladini, d'un galbe sensiblement conique, ont cinq diamètres de hauteur ; l'entre-colonnement est très large ; aussi, pour soulager la portée des architraves, a-t-on donné au coussinet des chapiteaux plus de développement et plus de saillie qu'il n'était d'habitude à l'époque où l'édifice fut construit. Malgré ce détail, qui garde une séveur d'archaïsme, les colonnes ont de la sveltesse et l'ensemble donne une impression de légèreté combinée avec une inébranlable solidité.

Au sud-ouest de ce temple, des ondulations de terrain, prolongées sur une grande étendue perpendiculairement au cours du Bradano et à la route qui conduit à Bernalda et à Matera, marquent l'emplacement de lignes de tombeaux. Les Métapontins et en général tous les Achéens de la Grande-Grèce, conformément à l'habitude la plus universellement répandue chez les Hellènes, enterraient leurs morts en dehors de la ville. Leurs voisins de Tarente, au contraire, par une coutume particulière apportée de Sparte, plaçaient les tombeaux à l'intérieur de l'énorme enceinte de leur cité. Et à leur exemple cette coutume exceptionnelle fut adoptée par la population des villes de la Iapygie soumises à leur influence et à leur domination. C'est ce que l'on constate en visitant, dans la Terre d'Otrante, les ruines de Gnathia, de Manduria et de la ville au nom jusqu'à présent inconnu dont l'emplacement touche au bourg de Muro Leccese. Les sépultures de la nécropole de Métaponte, comme celles de Bernalda et de tous les autres petits cimetières épars dans la campagne, consistent, à la mode grecque, en sarcophages grossièrement creusés dans un bloc du tuf de la localité, ou en fosses rectangulaires revêtues de dalles de pierre ou bien de larges tuiles. Les fouilles n'ont pas jusqu'ici porté d'une manière sérieuse sur cette nécropole. Cependant on y a ouvert quelques tombeaux, où l'on a trouvé des vases peints du style dit *apulien*, nouvelle preuve de ce que les vases ainsi désignés sont bien de fabrication des villes grecques. Car il serait vraiment absurde de supposer que ces villes empruntaient leur céramique de luxe à des voisins plus qu'à demi barbares, tandis qu'il est tout naturel que ceux-ci tirassent de chez les Hellènes la belle poterie dont ils aimaient à orner leurs habitations et leurs sépultures.

Métaponte était située à quelques stades de la mer. Ce qu'on appelle Lagone di Santa-Pelagina était le bassin artificiel, de forme circulaire et entièrement creusé de main d'homme, qui servait à abriter les quelques trières composant la marine militaire de la cité. Ce petit port, distinct de la ville, était dans les temps anciens entouré de cales couvertes, où l'on gardait les galères à sec, ne les mettant à flot que lorsqu'on voulait s'en servir, et de magasins d'arsenal, le tout protégé par des fortifications. C'est actuellement un lac presque entièrement envasé et environné de grands roseaux, qui communique avec la mer par une entrée que les sables obstruent. J'ai visité attentivement le canal qui, par une disposition sans autre exemple dans ce qu'on connaît de villes grecques, partait du bassin pour rejoindre les remparts de la ville. Les terres l'ont, avec le temps, absolument comblé ; mais on suit parfaitement la direction de ses quais, construits en grandes pierres de taille, dont la crête seule apparaît, affleurant la surface du sol, et on distingue aussi de chaque côté les arasements des *Longs murs* qui protégeaient le canal, assurant en cas de siège la communication entre la ville et le port. M. La Cava, qui connaît si bien le terrain par une étude de plusieurs années, et M. le capitaine Marmier, de l'arme du génie de notre armée, que j'ai eu la bonne fortune d'avoir pour compagnon dans ma nouvelle visite à Métaponte et qui m'éclairait ici de son expérience technique, sont tous les deux d'avis que ce canal devait recevoir une dérivation du Bradanus, conduite par les fossés de la ville, et qu'il devait être disposé de manière à procurer une chasse qui empêchât l'ensablement de l'entrée du port.

Le petit musée dont j'ai déjà dit un mot, et que
M. La Cava a eu l'heureuse idée d'organiser provisoirement dans une salle mise à sa disposition par la compagnie des Chemins de fer méridionaux, appelait naturellement de ma part une longue séance d'étude. Naturellement je ne saurais avoir la prétention d'en entreprendre ici une sorte de catalogue, une notice même sommaire, ni d'indiquer tout ce que j'y ai vu d'intéressant. Mais je recommanderai aux voyageurs qui s'arrêteront à Métaponte — et on peut maintenant très facilement le faire entre deux trains, sans être obligé d'affronter les légions de puces des chambres sordides annexées au buffet du chemin de fer — je recommanderai à ces voyageurs de ne pas manquer de demander le gardien de ce petit musée et de se le faire ouvrir. Même, comme il est dans les bâtiments de la gare, on a parfaitement le temps d'y jeter un coup d'œil rapide pendant la demi-heure que l'on passe à attendre les correspondances de certains trains, entre les deux lignes qui ont leur jonction sur ce point. Ce sera toujours quelque chose pour le touriste qui ne pourra pas disposer du nombre d'heures que réclame la visite des ruines elles-mêmes. La collection renferme les magnifiques

fragments de la décoration de terre cuite peinte du temple d'Apollon Lyceios et ce qui reste des sculptures de ses métopes, puis une très abondante série de petits objets de toute nature, terres cuites, bronzes, poteries, etc., dont certains ont un vrai mérite d'art et d'autres une non moindre valeur pour l'archéologie érudite. On y remarque, entre autres, toute une collection de terres cuites votives exactement pareilles à celles que l'on trouve par milliers à Tarente dans un dépôt avoisinant le Marc Piccolo (1). Elles offrent le même sujet, sortant des mêmes moules et des mêmes fours, et ont évidemment été fabriquées à Tarente, qui fournissait habituellement Métaponte, non seulement de ce genre de pièces destinées à être dédiées en ex-voto dans certains temples, mais aussi de belles antéfixes décorées de têtes de face du plus grand style. J'ai pu placer au Cabinet des médailles, à côté d'une antéfixe de ce genre découverte par le duc de Luynes à Métaponte, un second exemplaire, incontestablement tiré du même moule, qui avait

1. J'ai longuement parlé, dans la *Gazette des Beaux-Arts* de mars 1882, de ces terres cuites dont j'ai eu la bonne fortune de pouvoir faire entrer au Louvre une collection de près de 800 pièces.

été trouvé à Tarente. La fabrication de ces antéfixes de terre cuite, dont la manière est facilement reconnaissable, était une des industries tarentines, et l'on constate aujourd'hui que les produits s'en exportaient assez loin.

Tout ce qui a été trouvé depuis trois ans dans les fouilles est conservé dans le musée provisoire. De plus, en l'absence d'un musée provincial à Potenza, M. La Cava a entreposé là un certain nombres d'antiquités recueillies par lui sur différents points de la Basilicate, jusqu'aux haches de silex de l'époque quaternaire découvertes à Venosa.

TABLE DES MATIÈRES

DU TOME PREMIER

	Pages.
Préface.	v
Termoli.	
La ville et sa situation.	1
Aspect et saleté de ses rues.	2
Vue qu'on a de là.	4
La cathédrale.	Ibid.
Histoire de Termoli au moyen âge.	5
Passage du Biferno.	6
Campomarino.	Ibid.
Chieuti.	7
Ruines de Cliternia.	Ibid.
Passage du Fortore.	8
Ripalta.	Ibid.
Site de Cività.	Ibid.
La bataille de Cività en 1053.	9
Le Pape Léon IX et les Normands.	13
Teanum d'Apulie.	14
Lesina et sa lagune.	15
Entrée dans la plaine de la Capitanate.	16

TABLE DES MATIÈRES

Pages.

FOGGIA.

Le Tavoliere di Puglia et son aspect.	17
Antiquité de la transhumance des troupeaux dans cette région.	18
Régime de l'administration romaine.	19
Régime du moyen âge.	20
Organisation du pâturage forcé par Alfonse d'Aragon	22
Migrations des troupeaux.	24
Développement de ce régime.	25
Ses conséquences funestes.	26
Le gouvernement de l'occupation française et la Restauration.	29
Affranchissement du territoire du Tavoliere en 1865.	31
Foggia et l'antique Arpi.	32
Époque de la fondation de Foggia et son histoire.	33
État actuel de la ville.	35
Sa cathédrale.	Ibid.
Restes du palais de Frédéric II.	37
Architecture personnelle de ce prince.	39
Le château du Pantano.	40

SIPONTO ET MANFREDONIA.

Route de Foggia à Siponto.	41
Monastère de San-Leonardo des Teutoniques.	42
Cathédrale de Siponto.	Ibid.
Histoire de la ville.	46
Fouilles qui ont été récemment faites.	47
Manfredonia.	Ibid.
Sa fondation et son histoire	48
État actuel.	49
Le môle, le château et les remparts.	Ibid.

MONTE SANT'ANGELO.

Légende de l'apparition de Saint-Michel sur le Gargano.	53
Histoire de l'église et de la ville de Monte Sant'Angelo.	54

DU TOME PREMIER

	Pages.
Le pèlerinage dans l'état actuel.	57
Ascension du Gargano.	58
Églises diverses de Monte-Sant'Angelo	59
La basilique de l'Archange.	Ibid.
L'oracle antique de Calchas au mont Garganus.	61
Portes de bronze de la basilique.	62
Famille de leur donateur.	65
L'art des portes de bronze dans l'Italie méridionale et son développement.	67

LUCERA.

Route de Foggia à Lucera.	69
Souvenir de la fuite de Manfred.	70
Lucera dans l'antiquité.	Ibid.
Lucera au premier moyen âge.	74
Frédéric II établit à Lucera les musulmans de Sicile.	75
Histoire de la colonie sarrasine de Lucera.	76
Sa soumission par Charles Ier d'Anjou.	82
Son extermination par Charles II.	83
Château des Sarrasins de Lucera.	85
Fabrication de poteries émaillées à la mode arabe en cet endroit au xiiie siècle.	88
Esplanade entre le château et la ville, et débris antiques que l'on y recueille.	92
Cathédrale de Lucera.	94
Église San-Francesco.	99
Antiquités conservées au Municipe.	100
La ville de San-Severo.	101
Sa prise par les Français en 1799.	102
Ettore Caraffa.	Ibid.
Ruines de Castel-Fiorentino.	103
Mort de Frédéric II.	104

TROJA.

Situation de la ville.	109

	Pages.
L'antique Æcæ.	110
Fondation de Troja par Basilios Boyoannis.	111
Colonie de Normands qu'il y établit.	112
Siège de la ville par l'empereur Henri II.	113
Histoire postérieure de Troja.	115
Église San-Basilio.	120
Cathédrale.	121
Affinités de son architecture avec celle de Pise.	128
Ses portes de bronze.	131

La Vallée de l'Ofanto.

Le chemin de fer de Foggia à Candela.	135
Ordona, l'ancienne Herdonea.	*Ibid.*
Ascoli, l'ancien Ausculum.	137
Candela et sa station.	140
Route vers Melfi.	*Ibid.*
Trajet dans le lit de l'Ofanto.	142
Le Ponte di Santa-Venere.	143
Vue sur la plaine de la Capitanate.	144
La vallée supérieure de l'Ofanto.	145
Le Vulture.	146
Arrivée à Melfi.	147

Melfi.

Les premiers Normands en Italie.	149
Les fils de Tancrède de Hauteville.	150
Leur campagne au service de l'empereur byzantin.	151
Leur rupture avec les Grecs.	152
Ils se rendent maîtres de Melfi.	153
Premiers faits de la conquête de la Pouille.	155
Assemblée de Melfi, en 1043, pour le partage du pays.	156
Succession des premiers comtes normands.	157
Hildebrand décide l'alliance de la Papauté avec les Normands.	159
Le Concile de Melfi en 1059.	160

Accords qui y furent conclus.	161
Conséquences du Concile de Melfi.	162
Robert Guiscard, sa politique et son œuvre.	164
La capitale des normands transportée de Melfi à Salerne.	168
Melfi sous les rois normands et les Hohenstaufen.	Ibid.
Les *Constitutions augustales* de Frédéric II.	169
Commerce de Melfi et sa juiverie.	171
Tremblements de terre auxquels cette ville est sujette.	172
Le château.	173
Cathédrale.	174
Remparts.	Ibid.
Sarcophage antique au Municipe.	175
Pilier singulier dans la cour du même édifice.	177
Origines probables de Melfi.	179
Poteries antiques qu'on y découvre.	182
Population actuelle de la ville.	183
Tableau pittoresque de la rentrée des cultivateurs le soir.	184

RAPOLLA.

Site du bourg de ce nom.	187
La cathédrale.	188
Catastrophes et décadence de Rapolla.	190
Barile et ses habitants Albannis	191
Route de Rapolla à Venosa.	193

VENOSA.

Première vue de la ville.	195
Son château.	196
Histoire de la Venusia antique.	197
Horace et ses souvenirs à Venosa.	201
Vestiges antiques dans cette ville.	203
Venosa dans le premier moyen âge.	204
Bataille entre les Normands et les Byzantins dans son voisinage.	Ibid.

	Pages.
L'abbaye de la Trinità à Venosa.	206
Sa grande église inachevée.	208
Église vieille.	210
Les tombeaux des princes normands.	212
Cippe funéraire romain.	214
Catacombe juive.	215
Gisement quaternaire avec vestiges d'industrie humaine.	220

BANZI.

Route au sortir de Venosa.	223
Lieu de la mort du consul Marcellus.	224
La fontaine de Bandusia.	225
La forêt de Banzi.	Ibid.
Site de Ferentum.	227
La ville antique de Bantia et l'abbaye de Banzi au moyen âge	229
Le hameau actuel de Banzi.	231
Emplacement de la ville antique.	232
La Table de Bantia.	Ibid.
Oppido et son nouveau nom de Palmira.	234

ACERENZA.

Genzano et ses souvenirs normands.	235
Aspect général de la Basilicate.	236
Le paysan de cette province et sa vie.	238
Misère agricole.	241
Nécessité d'y porter remède.	246
La traite des enfants dans la Basilicate et les mesures prises pour l'entraver.	247
Vue du bassin d'Acerenza.	250
Situation et aspect de la ville.	252
Culture d'esprit de ses habitants des classes élevées.	255
Le clergé dans le Napolitain.	Ibid.
Pacification religieuse.	258
Les dotti de petite ville en Italie.	261

Utilité de leurs travaux. 263
Collection de M. Vosa à Acerenza. 264
Intérêt scientifique des collections locales d'archéologie. 265
Faits nouveaux observés chez M. Vosa 267
L'Acherontia antique et sa fondation par les Pélasges
    Œnotriens. 269
Le municipe d'Acherontia sous l'Empire. 271
Monuments en l'honneur de Julien l'Apostat. . . . . *Ibid.*
La ville sous les Goths et les Longobards 274
Sous les Byzantins et les Normands. 276
Les Sarrasins de Frédéric II à Acerenza. 278
La cathédrale. 279
Coup d'œil sur l'histoire de l'architecture dans le midi
    de l'Italie au temps des Normands. 283

PIETRAGALLA.

Le village. 287
Les souvenirs du brigandage politique. 289
Événements de 1861. 290
José Borgès. 293
Son débarquement et ses premiers échecs en Calabre. 294
Sa fuite dans la Sila. 296
Il se décide à une entreprise en Basilicate. 297
Occupation de Trivigno. 298
Prise et sac de Vaglio. 299
Attaque et délivrance de Pietragalla. 300
Dispersion des bandes à Pescopagano. 303
Borgès et ses compagnons sont dépouillés par Donatello
    Crocco. 304
Leur fuite pour regagner la frontière pontificale. . . 305
Leur arrestation et leur mort. 306
Jugement sur l'exécution de Borgès. 307

POTENZA.

La ville et son aspect. 309

TABLE DES MATIÈRES

	Pages.
Une bonne auberge	311
La cuisine dans la Basilicate.	Ibid.
Le tremblement de terre de 1857.	314
Autres tremblements de terre de Potenza.	315
Églises de la ville.	316
Monuments datant du moyen âge.	317
La Potentia antique et son emplacement différent de celui de la ville moderne.	318
Date du transfert de la ville.	321
Le roi de France Louis VII à Potenza.	323
Histoire postérieure de la ville.	324
Ses seigneurs.	325
L'évêque Francesco Serrao et son meurtre en 1799.	Ibid.
Abominable vengeance d'un habitant de la ville.	327
Potenza au XIXᵉ siècle.	328
Collection épigraphique du Séminaire.	329
Les dédicaces à la déesse *Mephitis*.	Ibid.

MÉTAPONTE.

Route de Potenza à Métaponte.	331
Le Basiento et sa vallée.	332
La véritable *Italia irredenta*.	334
Tricarico.	335
Pisticci.	336
Paysage de la vallée inférieure du Basiento.	337
Brindisi-la-Montagna.	338
Vaglio.	339
Castelmezzano.	Ibid.
Ferrandina.	340
Bernalda.	341
Métaponte et les fouilles de M. La Cava.	342
Existence préhellénique de la ville.	343
Résumé de l'histoire de la Métaponte grecque.	344
Données fournies par les fouilles sur la ruine de la ville.	347

DU TOME PREMIER 371

                                                          Pages.
Le temple d'Apollon Lyceios.   348
Le théâtre.   351
Restes des maisons et des rues de la ville.   352
Les puits grecs.   353
Le second temple.   354
Temple extérieur dit Tavola dei Paladini. . . . . .   Ibid.
Tombeaux.   357
Port antique.   358
Canal et Longs murs du port.   359
Petit musée provisoire installé dans les bâtiments de la
    gare.   360

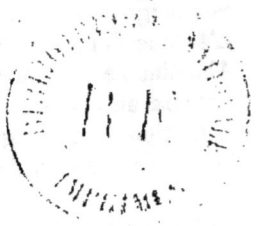

ANGERS, IMP. BURDIN ET Cie, RUE GARNIER, 4.

www.ingramcontent.com/pod-product-compliance
Lightning Source LLC
Chambersburg PA
CBHW070455170426
43201CB00010B/1354